*La colección Antropología y Procesos Educativos aspira a publicar resultados de proyectos socio-antropológicos de investigación que indaguen procesos educativos escolares y no escolares.*

*Interesan etnografías que prioricen experiencias y perspectivas de los actores involucrados en procesos educativos, que utilicen múltiples métodos de generación de datos y reconozcan la centralidad del investigador en el proceso de investigación.*

*Recibimos trabajos que presenten desafíos epistemológicos y conceptuales respecto a las estructuras educativas y políticas y cuya área de discusión alcance relevancia para un público internacional.*

**Diseño:** Gerardo Miño

**Composición:** Eduardo Rosende

**Edición:** Primera. Agosto de 2018

**ISBN:** 978-84-17133-32-0

**Lugar de edición:** Buenos Aires, Argentina

MIÑO y DÁVILA
• E D I T O R E S •

**Dirección postal:** Tacuarí 540
(C1071AAL) Buenos Aires, Argentina
Tel: (54 011) 4331-1565

**e-mail producción:** produccion@minoydavila.com
**e-mail administración:** info@minoydavila.com
**web:** www.minoydavila.com

Jesús Jaramillo

# Masculinidades al andar

Experiencias de socialización
en la niñez urbana del Neuquén

MIÑO y DÁVILA
◆ E D I T O R E S ◆

*A Lorenzo y Eva,*
*por llenarme de vida*

# Índice

AGRADECIMIENTOS ................................................................. 9

PRÓLOGO, por Carolina Gandulfo ...................................... 13

INTRODUCCIÓN
**Socialización como experiencia de masculinidad
y objeto de investigación** ................................................... 17

Algunos antecedentes ............................................................ 21
    Socialización en la vida barrial: niños y niñas
    en contextos urbanos ...................................................... 22
    Dimensiones masculinas en estudios etnográficos ........... 27
Orientaciones teóricas ........................................................... 31
    Identificaciones masculinas ............................................ 32
    Socialización ................................................................... 33
    Habitus y capital simbólico ............................................ 35
    Grupo y redes vinculares ............................................... 37
Acerca de la metodología ....................................................... 38
Organización del libro ........................................................... 43

CAPÍTULO 1
**"Yo de Toma Norte". La trama barrial del texto** ............ 45

Introducción .......................................................................... 45
Un ingreso colectivo a las "tomas" ....................................... 45
De la escuela al comedor: llegando a "Toma Norte" ............ 51
    "Esto es Toma Norte": su historia y relaciones cotidianas ... 54

CAPÍTULO 2
**"Sabemos caminar": masculinidades en movimiento** ...... 59

Introducción .......................................................................... 59
"Andamos todo el día": formas de recorrer el barrio ............ 61
Género al "andar": saberes masculinos y femeninos en relación ... 64
Virtudes y distinciones masculinas: lo que hace "andar" ...... 67
Una vuelta más: el caminar como movimiento colectivo ....... 71

**CAPÍTULO 3**
**"Nos robó, nos rastreó y nos choreó": sobre prestigios y respetos masculinos** ........................................................................... 77

Introducción ............................................................................... 77
El "choreo" en el barrio (o el capital en juego) ................................ 78
El robo en la escuela (o la exhibición de Nico y Elías) ...................... 82
El "rastreo" en el grupo (o en busca de respeto)................................ 86

**CAPÍTULO 4**
**"Somos Conociendo Toma Norte": grupos y tramas masculinas..** 93

Introducción ............................................................................... 93
"Y fuimos llegando": entre contactos y conocidos............................ 94
"Lo conocí en el fútbol": la espacialidad masculina en juego ............ 99
El grupo y su "leyenda": otra forma de exhibirse masculinos............ 104

**CONCLUSIONES** ........................................................................... 109

**Bibliografía** ................................................................................. 117

# Agradecimientos

Este texto etnográfico constituye una reelaboración de mi tesis de Maestría en Investigación Educativa con Mención Socioantropológica, defendida en julio de 2015 en el Centro de Estudios Avanzados de la Universidad Nacional de Córdoba (CEA-UNC). De un tiempo a esta parte muchas personas fueron las que me ayudaron y me acompañaron en el transcurso del trabajo que hoy se concreta con la publicación del libro, algo impensado para los inicios de mi formación como etnógrafo. Hacer público esos agradecimientos implica para mí algo más que un mero título que viene a sumarse a las partes de un texto; pretendo, más bien, explicitar ese universo de personas de carne y hueso que con generosidad y afecto me allanaron caminos posibles hacia la definición de la investigación.

En primer lugar, quiero agradecer al "Grupo Conociendo Toma Norte" por dejarme compartir algunos aspectos de sus vidas y darme la posibilidad de entender el mundo social desde otra perspectiva tan válida como la de cualquier adulto. Me refiero a Yon, Marcos, Elías, Violeta, Ruth, Fernanda, Pedro, Nico, Jorgito y Claudio. Ernesto, Yoni y Alejandro también estuvieron en los inicios entre quienes luego fueron mis interlocutores y colaboradores. En segundo lugar, a la gente de la "Toma Norte" y algunas familias por haberme permitido estar en sus casas, trabajos y compartir situaciones de vida tan particulares y admirables. De igual modo, deseo destacar la generosidad de directivos y maestras de la escuela primaria N° 312, con quienes experimenté los esfuerzos permanentes de aprender compartiendo experiencias más allá del aula.

Un agradecimiento muy especial a mi profesora Diana Milstein, directora de la investigación que da origen a este libro, por haberme leído muchas veces con esa rigurosidad intelectual solidaria, y por haberme mostrado a lo largo de estos años el entusiasmo por la etnografía y el compromiso por el conocimiento social. Sobre todo, agradezco haberme ayudado a romper con aquellos lenguajes prescriptivos muy corrientes en el campo de la educación, y ofrecerme entonces la posibilidad de volver a preguntar(me) y extrañarme respecto de ese mundo social que estudiamos y diariamente transitamos. Y al hacerlo, poder decir algo a la manera de un cuento, por pequeño que sea. De eso se trata la etnografía y también la vida, saber narrar lo que vivimos para entender algo de aquello que nos pasa, nos atraviesa, nos descoloca o simplemente llama nuestra atención.

Un espacio muy significativo para la indagación del trabajo fue el Proyecto PICT 2010-1356 "Un nuevo lugar social para la escuela estatal. Entre la irrupción de la política y la emergencia de nuevas infancias y adolescencias", dirigido también por Diana Milstein y financiado por el FONCYT-ANCYT - Préstamos BID 2437. Muchos de los avances en lecturas y discusiones, viajes, participaciones y presentaciones a congresos y jornadas fueron realizados en el marco de este proyecto y al interior del mismo. Incluyo en esta mención al Proyecto de investigación "La escuela y las infancias: otras dimensiones de lo político. Un estudio etnográfico en escuelas primarias de la ciudad de Neuquén", referente invalorable para muchas de las reflexiones y los avances de la indagación que aquí presento.

En ese proceso de conocimiento, mis colegas del proyecto María Teresa Pujó, Silvina Fernández y Carmen Reybet fueron mis referentes y mis apoyos más importantes para animarme a dar esos primeros pasos como etnógrafo. Con Teresa y Silvina compartí emociones, frustraciones, contradicciones y decisiones propias del trabajo de campo que resonaron permanentemente durante el proceso de escritura.

También mis colegas y amigas del grupo de tesistas en Buenos Aires fueron grandes interlocutoras durante ese tiempo, ayudándome a sortear ese *berenjenal* con la teoría y mi forma de pensar, y al mismo tiempo, dándome el ánimo necesario a través de risas en reuniones, comidas y algunas bebidas. Agradezco, entonces, a Cecilia Carrera, Andrea Tammarazio, María Laura Requena, Alejandra Otaso, Linda Khord, Silvina Fernández, Verónica Solari Paz, Laura Celia y Paula Buontempo. En otro punto del país, mis compañeras de maestría en Córdoba como Soledad Martínez, Marina Antonio y María Verónica Macías Andere también fueron parte de ese grupo de mujeres que me alentaron cuando todo parecía *durísimo*.

El texto original en formato de tesis recibió los comentarios críticos de Silvia Ávila, Miriam Abate Daga y Guadalupe Molina, y luego, en el marco de un concurso internacional, la evaluación de un jurado integrado por José Alejos García, Judith Freidenberg, Fernando García Serrano y Marit Melhuus, cuya decisión me hizo merecedor de la Segunda Mención del Premio "Eduardo Archetti". Dicha distinción fue la que me permitió considerar la posibilidad de compartir esta etnografía con un público más amplio.

También deseo agradecer a la Universidad Nacional del Comahue y, a través de ella, a la Facultad de Ciencias de la Educación por haberme otorgado dos becas de investigación que en el transcurso de cuatro años me permitieron abocarme por tiempo completo a tareas de investigación e iniciar estudios de posgrado como la maestría que concluye con este trabajo. Actualmente, la beca doctoral otorgada por el Consejo Nacional de

Investigaciones Científicas y Técnicas (CONICET) es la que me permite la dedicación a la labor científica. Les agradezco a estas instituciones la ayuda recibida.

A mis afectos más próximos, un gracias infinito. Mi familia aún sin entender muchas veces lo que hacía y el porqué de tantos viajes al barrio y otras ciudades del país, con el tiempo entendí que sus preguntas reafirmaban mi pasión por el trabajo. Agradecer en especial a mis viejos, María y Víctor, porque además de bancarme tiempos y procesos, quisieron bancarme allí cuando lo económico era un impedimento para mis cursados. La incondicionalidad de ambos sigue siendo fundamental para mi tránsito por esta vida.

A mis amores, Lorenzo y Eva por darme la posibilidad de ser padre, alegrarme la vida con sus gestos y compartir el amor con Ximena, mi compañera de vida. Sus lecturas y comentarios fueron muchas veces palabras de aliento que estimularon el tiempo necesario para madurar ideas. Claro que, sin esa hermosa sonrisa, este y otros trabajos no hubieran sido posibles.

# Prólogo

Me propongo invitarlxs a leer este libro, *Masculinidades al andar*. Me pregunto a qué manos llegará, quién leerá este prólogo... Creo que el libro despertará el interés de diferentes personas. Es un trabajo de investigación realizado con un grupo de niñxs y, si bien está dirigido principalmente a un mundo "académico" –se trata de una tesis de maestría–, el modo en que está escrito lo abre a un público más amplio y esto, desde mi punto de vista, lo hace más valioso. El lector, incluso, podría abordar los capítulos de manera libre y armar su propio recorrido de lectura.

Alguien interesado en estudios precedentes, marcos conceptuales o metodológicos puede leer completa la "Introducción", pero puede también iniciar la lectura por el "Capítulo 1" en el que el autor nos hace ingresar al barrio *Toma Norte*... y ya podríamos empezar a caminar junto al investigador y el grupo de niñxs y acompañarlxs en sus recorridas, en sus reuniones para conocer el barrio. Al tiempo nos iremos adentrando en el proceso de socialización del género masculino que describe. En este sentido, animo a quién no se identifica como "investigador/a" o "cientista social" a que lea este texto.

Me preguntaba a quiénes les vendría bien este libro, a quiénes les gustaría leerlo. Pienso que a lxs maestrxs, profesorxs, asistentes sociales, agentes de salud, animadorxs sociales, médicxs, psicologxs, o cualquier persona que trabaje con niñxs; también a lxs adultxs de crianza –padres, tíxs, abuelxs-, o a quiénes se pregunten sobre cómo es ser niñx hoy, cómo se van haciendo niñxs en su vida cotidiana, y cómo van construyendo su masculinidad. A todxs ellxs creo que les va a gustar este libro.

Y ¿para qué les serviría leerlo? Pienso para qué me sirvió a mí: al leer estas páginas unx se va metiendo, o el autor nos va llevando, muy generosamente, a ese mundo que construyó a partir del intercambio con este grupo de niñxs. Nos invita justamente a caminar con ellxs. Nos podemos asomar a ver quiénes son y cómo se constituyen como niñxs y varones. Sobre todo nos enseña a mirar a través de lo que aparentemente no dice mucho como, por ejemplo, "caminar" o "andar por el barrio". A lo largo de este recorrido vamos aprendiendo cómo nos hacemos/producimos mutuamente en la interacción entre adultxs y niñxs.

Esta etnografía nos lleva a reparar en aspectos cotidianos y naturalizados –caminar o andar en grupos– o en aspectos ya sancionados social y valorativamente como inmorales/ilegales –robar o "chorear"– para relacionarlos con su potencia socializadora y/o subjetivante. En este sentido, esta etnografía nos interpela y nos llama a reflexionar sobre cómo miramos habitualmente y cuánto no vemos, en particular cuando se trata de lo que los contextos cotidianos enseñan a lxs niñxs, y de cómo aprenden lxs niñxs y van haciéndose varones en su vida de todos los días. Creo que este es un mérito de la buena etnografía, no solo logra ilustrarnos sobre el extrañamiento del investigador en términos de producir conocimiento cuando construye una distancia/acercamiento del mundo que comparte con lxs niñxs; sino, producirnos en quiénes leemos el libro, ese mismo extrañamiento a medida que vamos adentrándonos en el texto.

Una clave de interpretación de esta etnografía parece haber sido la "incomodidad" que tantas veces lxs niñxs protagonistas de esta historia provocaron en el investigador. Es a partir de esa perplejidad, asombro, sorpresa, desconcierto que el autor supo que se encontraba frente a cuestiones que debía no solo registrar, sino, pensar/descubrir el sentido que tenían en el marco de su investigación.

Les adelanto a los lectores (y no quiero contarles el final de la película) que hay sucesos que dejan al investigador "sin palabras". ¡Tanto la escena en la que lxs niñxs y el investigador son testigos de una práctica de sexo oral en un colectivo, como en la que lxs niñxs hacen salir rápidamente del ciber al investigador sin haber pagado lo que correspondía! Por un lado, unx cuando lee se solidariza con el autor, y se pregunta qué hubiera hecho unx en esa situación. Son tantas las veces en que nos quedamos sin palabras cuando estamos y/o hacemos diferentes actividades con niñxs. Tantas veces sentimos esa perplejidad. No es un problema experimentar estos diferentes sentimientos, creo que este libro nos autoriza en algún sentido a percibirnos de ese modo y a abrir interrogantes frente a ese tipo de episodios, en lugar de pensar "qué habría que hacer".

Por lo tanto, tenemos dos aspectos a considerar: lo que no vemos por habitual y naturalizado, y lo que nos deja "sin palabras". El autor nos interpela diciéndonos hacia el final del libro: *"El punto es si estamos dispuestos a dialogar con nociones y valores como los expuestos aquí y, de hacerlo, cómo hacerlo, en la medida que ingresan para cuestionar modos, normas y valores legítimos".*

Finalmente, quiero mencionar algunos aspectos respecto al trabajo de investigación con niñxs, a la manera en que lxs niñxs son incluidos en esta etnografía. Considero que esta investigación es un aporte al desarrollo de metodologías colaborativas que incluyen niñxs como participantes activos en los procesos de indagación de la realidad social. Lxs niñxs se constituyeron en un grupo de investigación en torno a la historia del barrio y elaboraron un "libraco" a partir de su trabajo. En este caso la constitución del grupo no solo fue de interés para lxs niñxs y necesaria para organizar una tarea de investigación que lxs incluía, sino que ese mismo agrupamiento dio cuenta de una de las dimensiones que el autor propone como aspecto de la socialización de la masculinidad. El grupo terminó siendo una actividad/excusa común para que niñxs e investigadores puedan "caminar", "chorear" y "andar juntos", y producir la misma socialización que se estudia. De este modo, se socializaron e identificaron como varones, lxs niñxs y ¡también el investigador! Esto también nos enseña que no hay un solo momento de la vida –la niñez– para socializarnos y determinarnos a partir de ciertos rasgos identificatorios. Desde la mirada de un adulto en general advertimos y expresamos "¡cómo crecen los chicxs!" invisibilizando el modo en que nosotrxs también cambiamos. Trato de recordar de nuevo esa escena en la que el investigador sale corriendo del ciber sin saber qué estaba pasando... lxs niñxs lo hicieron parte de su proceso de socialización. Y nosotrxs ¿"choreamos" un ciber, o un kiosco, o un almacén alguna vez? ¿Jesús Jaramillo...? Sí, lxs niñxs lo hicieron parte de su grupo.

En este libro los procesos educativos se abren a ser considerados a partir de las más diversas experiencias que describe el investigador. Las categorías de enseñar y aprender se descolocan de los ámbitos/roles donde las ubicamos habitualmente desde nuestras posiciones profesionales y vitales. El autor nos muestra claramente cómo estos procesos no son fácilmente identificables o cómodamente ubicados en marcos institucionales, y menos aún, unidireccionales.

Reitero la invitación a leer este libro que relata los recorridos de un grupo de niñxs y un investigador caminando por un barrio, *haciéndose varones al andar.* Invitación a dejarse interpelar por la incomodidad que pueden causar estxs niñxs sobre nuestras nociones "correctas", a abrir los ojos a aspectos donde nos parece que no hay nada para ver o descubrir. Creo que bien vale la pena disponerse a la propia incomodidad y asombro.

*Carolina Gandulfo*
Abril de 2018.

# Introducción

## Socialización como experiencia de masculinidad y objeto de investigación

Me metí en la vida barrial de un grupo de niños y niñas, aconsejado del mismo modo que lo fue Fred Murdock, el etnógrafo de Borges. Cuando llegué a "Toma Norte", en marzo de 2010, lo hice formando parte de un proyecto mayor que indagaba acerca de la escuela primaria estatal y los procesos de politización que se desplegaban en ella, con especial preocupación por los significados y prácticas que protagonizaban los niños y las niñas[1]. A diferencia del Fred de Borges que observaba ritos esotéricos para revelar los secretos de ciertas tribus del oeste de Texas, en el equipo de investigadores nos estimulaban a indagar las prácticas políticas en la cotidianidad escolar a partir de mirar las formas de politización en los barrios del "oeste" de la ciudad de Neuquén. Más que revelar, buscábamos comprender colectivamente las transformaciones actuales de la escuela primaria argentina, en el contexto local de una zona urbana caracterizada por "tomas" de terrenos fiscales para la construcción de viviendas.

Poco más de dos años estuvimos con maestras, directivos, "porteros", alumnos, alumnas y algunas familias de dos escuelas contiguas situadas en un plan de viviendas cercano a la zona de "tomas". Los discursos o sucesos que registrábamos en esos primeros encuentros nos estimulaban a preguntar y a seguir indagando la vida escolar y la trama barrial del lugar. Así me vinculé con un grupo de niños y niñas con los que realicé un trabajo de campo en colaboración. Llamó entonces especialmente mi atención la presencia que el espacio adquiría en los discursos y prácticas de estos sujetos al referir su vida en la "Toma". Expresiones como "Yo de Toma

1   Proyecto de investigación "La escuela y las infancias: otras dimensiones de lo político. Un estudio etnográfico en escuelas primarias de la ciudad de Neuquén", subsidiado por la Universidad Nacional del Comahue, año 2010-2012. Proyecto PICT 1356-2010 "Un nuevo lugar social para la escuela estatal. Entre la irrupción de la política y la emergencia de nuevas infancias y adolescencias". Investigadora Responsable: Diana Milstein. Financiado por ANPCYT/FONCYT - Préstamos BID 2437.

Norte", "Esa cancha es nuestra" o "Vamos a la barda²" eran frecuentes en sus diálogos, lo cual me llevó a presentar un primer proyecto de tesis cuyo propósito era indagar el modo en que nuestros colaboradores se apropiaban del espacio en el barrio. Por tratarse de niños y niñas que habían participado activamente en las "tomas" de terrenos para construir sus casas, sus acciones cotidianas incluían modos particulares de ocupar los espacios públicos de la calle, la "barda", la cancha de fútbol y el comedor comunitario. Sin embargo, pasó bastante tiempo hasta que pude advertir la particularidad de sus modos de actuar. Luego de mucho tiempo y de mucho andar con los niños y las niñas, noté que la espacialidad como tema adquiría otro valor, algo distinto a cómo usar el espacio, sino más bien al modo en que las relaciones sociales lo atravesaban y constituían. Pero como suele suceder en el campo, esas relaciones no fueron evidentes en sí mismas, eso fue lo que tuve que reconstruir para luego articular de manera inteligible lo observado en esos años (Rockwell, 2009).

Un episodio acontecido durante mis primeros días con los niños en el barrio, se constituyó para mí en el texto privilegiado que interrogó esas relaciones y me conectó con el mundo de las masculinidades. Comenzábamos a recorrer el lugar y los varones habían propuesto conocer la "canchita" varias veces nombrada por el grupo. A poco de haber caminado, vimos estacionado un colectivo de línea urbana, el único que entraba al barrio. El motor estaba encendido y el colectivo permanecía parado. A cierta distancia logré distinguir en su interior a un hombre de unos cuarenta años y una mujer de aspecto más joven. El hombre estaba parado, apoyaba su brazo derecho en el separador de plástico cercano al respaldo del asiento del conductor. Por momentos un caño amarillo y un palo de escobillón simulaban atravesar su cuerpo, mientras su cabeza miraba hacia abajo y otras veces hacia el techo que le quedaba muy cerca. La mujer arrodillada, movía su cabeza y una de sus manos a la altura de la cintura del hombre. Varios movimientos de manos y cabezas, de fondo el motor encendido del colectivo. Sorprendido por la situación y profundamente incómodo por lo que veía, sólo atiné a seguir la marcha sin hacer ningún comentario. Pero los varones no tardaron en darse cuenta y sin demasiado asombro miraron el colectivo, al hombre y a la mujer. "¡Eh, le está haciendo un pete!" exclamó Nico; "Sí, le está haciendo un pete" afirmó Elías, "¡Pete, pete!" gritó Yon. Algunas risas cómplices con los niños me permitieron sacarme algo de peso en mi vergüenza, pero rápidamente intenté cambiar de tema. Muy descolocado todavía pregunté por la parada del colectivo, y los niños confirmaron que era esa y agregaron: "Siempre le están haciendo un pete al chofer". Este otro comentario pugnaba otra vez mis esfuerzos por ocultar

---

2   Las "bardas" son elevaciones de terrenos con alturas que no superan los 150 metros, propio de la zona de mesetas en donde se encuentra ubicado el barrio. Sobre este punto me detendré en el capítulo 1.

aquello que en principio para estos niños parecía no ser un problema o, en tal caso, un tema que los habilitaba a hablar sin dificultad.

Luego de mucho tiempo y análisis mediante, pude visualizar en aquel episodio algo respecto de las relaciones que estos niños desplegaban al estar con otros. Y no fue casualidad que haya sido aquello un *andar* entre varones, pues las nociones de masculinidad se hicieron más evidentes en las actividades que luego en conjunto desplegamos. Aquellos espacios vividos y representados por el grupo revelaron aspectos de sus vidas en el barrio que –como en el episodio del colectivo– estaban ligados a relaciones de género y, más específicamente, a modos de construir social y simbólicamente identificaciones con la masculinidad.

Claro que no respondía esto a una cuestión de ser mayoría varones. El gran aporte de Geertz (1995) en la riña de gallo, fue haber visibilizado a través del juego la disputa por el prestigio masculino entre la población balinesa sin remitirse solamente a quiénes llevaban adelante esas apuestas, sino a cómo lo hacían y cuáles eran los sentidos que los nativos actuaban allí. De manera similar a Geertz, aquel juego del caminar con niños puso en evidencia un aprendizaje sobre las masculinidades en las relaciones de pares y grupos sociales de pertenencia. Aquello tendría un efecto notable en la investigación y mi resocialización en el campo, pero no me detendré aquí en esto último. Lo que me interesa resaltar es que lo que se volvió evidente estando allí con los niños fueron sus experiencias de socialización constituidas por relaciones de género.

Estos niños solían *andar* mucho tiempo por diferentes espacios y distintas actividades, y ese *andar* los conectaba con situaciones como la del colectivo, otorgando otros saberes que los disponían a un conocimiento de primera mano y, al mismo tiempo, a un modo particular de ser varón-niño. La situación del colectivo nos convertía en testigos a los que caminábamos por allí, pero en el caso de estos niños se jugaban sentidos del lugar asociados a la masculinidad. Hablar de la escena con cierta naturalidad fue la manera que tuvieron los niños de mostrar(se) y reafirmar una virtud muy ligada al caminar y al estar en la calle entre varones. De ahí la rápida descripción que construyeron: "¡Pete, pete!", "¡Le está haciendo un pete"! El comentario final de los niños fue tal vez el más expresivo de sus vivencias: "Siempre le están haciendo un pete al chofer". Con este comentario todos los varones que allí caminábamos asumimos saber y conocer del tema, al mismo tiempo que exhibíamos un aprendizaje sobre cómo estar entre varones y sobre cómo ser niño en la "Toma".

La importancia de las identificaciones masculinas[3] en la vida de los niños se me impuso –podría decirse– como evidencia de algo más que pura

---

3   Recuperando los análisis del etnólogo francés Denys Cuche (2002), la categoría identidad es definida en este libro como procesos de identificación en la medida en que la constitución de sí es relativa, cambiante y resultante de una situación relacional que se construye y reconstruye constantemente en el intercambio con otros grupos sociales. Con

sexualidad: había allí un sentido específico que era menester investigar para comprender los procesos educativos cotidianos a los que estos niños se exponían de manera activa. Como muestro en los capítulos siguientes, los principios y valores masculinos del caminar y estar en grupo expresados en aquel suceso y en el resto de las situaciones que compartí con ellos, evidenciaron la interpelación de los niños a modos de socialización valorados por el sentido común y los adultos –incluidos los investigadores–, y aquellos considerados legítimos por las instituciones del Estado como las escuelas, iglesias y organizaciones de ayuda social muy presentes en el barrio. Tal como muestro en el libro, el conjunto de prácticas y significados de estos niños y niñas en el cotidiano barrial, incluía a menudo modos de hablar y actuar la sexualidad en el caminar, el "chorear" y saber moverse en grupo.

Cuando hablo de sexualidad, no me refiero a sexo y genitalidad, sino a relaciones sociales que referencian construcciones de masculinidad y feminidad. Conocer qué hacen los niños con cuestiones de sexualidad, implica adentrarnos en un terreno difícil, menospreciado a veces por los adultos como un problema que no atañe a los niños. Y si lo concierne, lo hacemos para visibilizar espacios y roles masculinos y femeninos en función de comprender aspectos sobre la sociabilidad en la interacción de un contexto particular. Así, se han estudiado los patios de escuelas y los juegos definidos al interior del ámbito escolar y barrial. Sin embargo, en este estudio las masculinidades no son una dimensión más de lo social que se conjuga en estos niños y niñas con la diversidad cultural y la diferencia social, lo que afirmo es más sustancial: las masculinidades son constitutivas de la vida social de estos niños en la medida que expresan un modo legítimo de socializarse en el barrio. En efecto, esas masculinidades determinaban principios con los que sobre todo los niños junto a sus pares y adultos aprendían la vida en la "toma" y, a través de ella, el mundo social.

En un tiempo signado por las incertidumbres y el resquebrajamiento de los lazos sociales e institucionales como la familia y la escuela –encargadas privilegiadas del cuidado y la socialización de los sujetos–, es menester estudiar las relaciones de género como expresión de valores que nutre nuevos modos de socialización y, por ende, nuevas relaciones sociales. Particularmente, el propósito de este libro es analizar y comprender el papel de las identificaciones masculinas en las relaciones de niños y niñas, las formas que adquieren esas identificaciones en las experiencias barriales entre pares, y algunas de las características actuales de la relación entre masculinidades y procesos de socialización en la vida barrial.

Sostengo que las nociones, designaciones y atribuciones masculinas no dejan de crearse y transformarse en las interacciones cotidianas, y que por lo tanto, los modos en que las masculinidades son enseñadas y apren-

---

ello, doy cuenta de una concepción dinámica de la identidad centrada en el estudio de las relaciones que establecemos con muchos otros y no en la búsqueda de una supuesta esencia original y permanente.

didas son partes constituyentes de esas interacciones. Reconstruir esto en mi trabajo de campo, implicó detenerme en las interacciones cotidianas y los significados del grupo de niños en los espacios de la calle, la "barda", la cancha de fútbol, el comedor y la escuela. Allí destaco las relaciones cotidianas entre pares y con adultos del lugar y de otros barrios alejados, con quienes comparten vínculos, valores y grupos. Esos modos de *ser* y *estar* en el barrio, fueron centrales para la etnografía colectiva y para la que posteriormente escribí en tanto me permitieron analizar y comprender los procesos educativos agenciados en la vida barrial en relación con otros espacios –como el grupo de amigos y la escuela– y otras relaciones esenciales en la vida social de estos niños –las masculinas.

Algunas de las preguntas centrales de esta etnografía se refieren a: ¿Cuáles son las maneras que estos niños tienen de ser varones en el barrio? ¿Cómo se relacionan con sus pares y adultos del lugar? ¿De qué manera construyen en su cotidianidad prácticas masculinas? ¿Qué importancia tiene el grupo en la vida barrial en general y en la masculinidad en particular? ¿A través de qué prácticas y espacios estos niños ponen en juego la masculinidad en el barrio? ¿Cómo se socializan en el caminar, en la calle y en el grupo de amigos? ¿Qué nos dicen esas prácticas de la propia vida social en "Toma Norte"?

Con ello contribuimos a un mayor conocimiento sobre los actuales procesos educativos y la vida de estos niños y sus actuales procesos educativos producidos y reproducidos en las relaciones con otros. El punto de partida para ver a los niños como actores sociales también significa verlos implicados en la creación de sus nociones de masculinidad que impactan de manera directa en sus procesos de socialización y revelan otros modos de socializarse.

## Algunos antecedentes

A continuación, presento el conjunto de estudios que me permitieron problematizar los procesos actuales de socialización de niños y niñas en el marco de la crisis social, económica y política de los años noventa en la Argentina, y el modo en que esos cambios habilitaron, restringieron o transformaron relaciones de género en contextos urbanos. Debido a la crisis que en la región atravesaron las instituciones modernas como la familia y la escuela, una variedad de trabajos se dedicó a estudiar las experiencias educativas de niños y niñas más allá de la escuela, muchas veces en contradicción con la vida escolar. En este sentido, el mundo de la calle y el barrio fueron escenarios elegidos para comprender modos de relacionarse y aprender entre pares. Asimismo, esas nuevas dinámicas sociales fueron analizadas en relación con las condiciones y estereotipos de género que afectan a varones y mujeres y a sus actuales procesos de socialización. En este punto, los estudios etnográficos sobre lo masculino fueron un analizador clave para discutir modos *de ser* y *de estar* en contextos sociales particulares.

## Socialización en la vida barrial: niños y niñas en contextos urbanos

En diversos países de Europa y Estados Unidos existe una serie de trabajos enmarcados en las ciencias sociales que han estudiado los procesos de socialización de niños y niñas con relación a los espacios urbanos de la calle, el hogar, el barrio y la comunidad (James y Prout, 1997; Holloway y Valentine, 2000; Christensen y O'Brien, 2003; Valentine, 2004). En todos ellos se explicita una comprensión contemporánea de la *competencia* de estos sujetos como actores sociales, al mismo tiempo que contribuyen a los debates actuales sobre los procesos de socialización en la multiplicidad de espacios urbanos. Prout y James (1997) al plantear lo que han dado en llamar el *paradigma emergente* de la infancia, advierten que los conceptos de *desarrollo* y *socialización* continúan dominando la teoría y la investigación sobre niños y niñas, aunque con una fuerte resistencia al cambio. Según estos autores, aunque el papel de la mujer y los grupos familiares han sido desestructurados por las críticas feministas, el significado de infancia sigue siendo relativamente estable al considerar que el ámbito familiar y escolar agota los aprendizajes de grupos de niños y niñas.

Ese dinamismo social del que son partícipes niños y niñas puede verse reflejado en los trabajos compilados por Christensen y O'Brien (2003), los cuales muestran el modo en que estos actores transitan sus vidas a través de *conexiones* entre el hogar, el barrio, la comunidad y la ciudad. Así, lo que sucede en la vida doméstica de los hogares y lo que ocurre en los barrios, incluyendo la ciudad en general, están estrechamente relacionados. Las normas y prácticas que rigen el espacio y el tiempo en un escenario tienen su impacto en el otro. En este sentido, sus estudios muestran que la comprensión de las formas de ser niños y niñas se logra a través del movimiento *entre* un adentro y afuera del hogar en el que desarrollan habilidades y competencias sociales para la vida urbana.

En ese mismo contexto, algunas etnografías han analizado los procesos complejos de la vida escolar vinculados a políticas comunitarias de desarrollo económico, de género, étnico y relaciones de clase. La etnografía de Jan Nespor (1997) resulta fundamental para entender esos procesos educativos en la complejidad de relaciones que atraviesan la escuela, al considerarla como espacio de *intersección social*. A diferencia de una buena parte de la etnografía escolar, su principio analítico subraya la idea de que las escuelas están atravesadas por un conjunto de prácticas vinculadas a complejos sistemas sociales que configuran ciudades y comunidades particulares. Los actores escolares como los niños y las niñas portan experiencias, ideas y prácticas en las que confluyen relaciones económicas, culturales y políticas que pertenecen al contexto, y que a su vez dan forma al currículum escrito, a las prácticas de enseñanza y a la vida escolar cotidiana. De este modo, la clave para entender la educación escolar requiere de un registro descriptivo y analítico de sus escenarios cotidianos, así como de las relaciones y prácticas que se articulan y se extienden más allá de la escuela.

Ambos análisis me permitieron analizar aquellas experiencias en las que los niños y las niñas con los que trabajé enlazaban relaciones y prácticas configuradas y valoradas en el barrio, muchas veces desestimadas o calificadas de incorrectas en las escuelas y los adultos referentes del lugar. En el capítulo 2 de este libro, se observa por ejemplo el modo en que las prácticas del caminar eran parte de la cotidianidad barrial de los niños, y la manera en que ese "andar" con otros construía nociones de masculinidad difíciles de pesquisar analizando sólo sus dichos, interpretaciones o prácticas escolares. Para este análisis en particular, además de los teóricos clásicos como Marcel Mauss (1979) y Pierre Bourdieu (1991), me he apoyado en los trabajos de Tim Ingold y Jo Lee Vergunst (2006 y 2008) y sus planteos respecto del caminar de adultos y niños como modo de socializarse en movimiento. Según los autores, un caminante incorpora en sus movimientos una agudeza del mirar y del hacer, así como del pensar y sentir de acuerdo a los actos que van pasando a su alrededor. El movimiento aparece entonces como un modo de conocer y producir conocimiento. Es interesante esta postura si se la contrasta con la experiencia escolar tradicional de conocer en un estar sentado por periodos prolongados y, al mismo tiempo, el predominio creciente que tienen las personas de trasladarse y moverse en las ciudades; en particular si se considera que en contextos de "tomas" de terrenos urbanos como el que muestro aquí, los pobladores en su cotidianidad suelen trasladarse a pie.

En América Latina, los trabajos de Elsie Rockwell (1982 y 1995) marcaron una línea de investigación que no puede ser soslayada por la indagación etnográfica sobre los procesos educativos a escala de lo cotidiano y su preocupación por la relativa autonomía de las *clases subalternas*. Aunque sus análisis versan sobre secuencias discursivas y prácticas con maestros y alumnos en contextos mexicanos, todos recorren una indagación común: la cotidianidad escolar. De la relación escuela, Estado y *sociedad civil* planteada en varios de sus estudios (Ezpeleta y Rockwell, 1985), nos interesa destacar la premisa de que los procesos escolares están conformados por una trama compleja de intereses y significados que responden a tradiciones históricas, variaciones regionales, modos de vida locales y numerosas decisiones políticas, administrativas y burocráticas. La recuperación de una noción de escuela como *construcción social* en la que los sujetos muchas veces integran prácticas y saberes heterogéneos que provienen de otros ámbitos, orientó esta investigación hacia el registro de las acciones y relaciones de los niños y las niñas en la experiencia barrial.

La investigación de Muñoz y Pachón (1980) en el contexto colombiano, también fue relevante en tanto estudiaron la vida de los *niños callejeros* en Bogotá. Desde un enfoque etnográfico, las autoras describieron en detalle las *galladas* –o grupos de niños de edad heterogénea– en las que existía una clara división del trabajo, un sistema rígido de sanciones, formas propias de repartición de las ganancias obtenidas y posiciones de poder diferencial. Si bien esa estructura y organización de los grupos dependía del entorno en que se movían, la supervivencia en la *gallada* comenzaba con la limosna y terminaba con el robo. Sin embargo, mientras que para las autoras muchas de las prácticas como el robo son consideradas estrategias para lograr recursos económicos, en este estudio esas prácticas serán consideradas un modo de socialización asociado a la masculinidad, y por lo tanto constitutivo de la vida social de los niños con los que vinculé. El capítulo 3 explicita de qué modo y en qué sentido las relaciones y formas de percepción establecidas por los niños con el "choreo"[4], respondían a un aprendizaje sobre principios de organización en la vida grupal que delimitaban formas de prestigios y respetos asociados a la masculinidad.

Desde una perspectiva más focalizada en las visiones infantiles sobre la ciudad en Brasil, Arno Vogel *et al.* (1995) muestran la manera en que la *conciencia de lo urbano* en los niños y las niñas se producía en relación con los discursos de los adultos y los medios locales de comunicación, y también de su propia observación y experiencia cotidiana. Así, sus visiones integraban lógicas de la vida familiar y la vida escolar, así como la construcción de imagen pública de la ciudad a través de la vida barrial.

Es de destacar también la compilación realizada por Milstein *et al.* (2011) sobre trabajos etnográficos con niños y niñas en contextos urbanos de Argentina, Brasil, Colombia, Costa Rica, México, Puerto Rico y Estados Unidos. Al considerar espacios sociales como la escuela, el museo, el barrio, la casa y la calle, los diversos capítulos contribuyen a consolidar una indagación profunda sobre los diferentes espacios y contextos culturales por los que transitan las denominadas "nuevas infancias".

En Argentina, la reciente incorporación de niños y niñas en diversos estudios etnográficos ha permitido mostrar su capacidad de agencia en los procesos de socialización, las relaciones sociales y en su producción de sentidos y significados en las últimas décadas (Milstein, 2006 y 2008; Gandulfo, 2007; Szulc, 2008 y 2013; Hecht y García Palacios, 2010; Padawer, 2010; Novaro, 2011; Batallán y Neufeld, 2011, entre otros). Esto último nos lleva mencionar otra perspectiva fundante dentro de las investigaciones dedicadas a las infancias, la cual plantea la necesidad de un acercamiento sociohistórico al fenómeno (Carli, 1999). La relevancia de este acercamiento radica en mostrar la manera en que la niñez devino en un *laboratorio social* (Carli, 2006) para estudiar procesos históricos de profunda muta-

---

4  Modismo que los niños y las niñas usaban para referenciar robo.

ción económica, científico-tecnológica, del mundo del trabajo y la cultura. De este modo, los niños y las niñas nacidos en la Argentina durante los años ochenta, y más aún en los noventa, crecieron en un escenario de profunda mutación y *se convirtieron en testigos y en muchos casos en víctimas de la desaparición de formas de vida, pautas de socialización y políticas de crianza* (Carli, 2006)[5]. Aunque la posición de *víctimas* tiende a invisibilizar las formas de vida y las pautas culturales que estos niños y niñas producen aún en estos contextos, coincidimos en que ambas figuras permiten identificar por un lado el impacto de la destrucción del modelo productivo y del empleo en el deterioro de las condiciones familiares de distintos sectores sociales, generando expulsión y/o salida de los hijos a la calle; y por otro, la centralidad económica de un mercado global y transnacional a través de productos y bienes de diverso tipo, dando forma a un nuevo paisaje cultural a disposición de los niños y niñas. Por lo tanto, a pesar de que las problemáticas referidas a la niñez aparecen en nuestro país con la mendicidad infantil en el Buenos Aires de fines del siglo XIX, es en la década de 1980 cuando la presencia de niños en la calle se torna un hecho social de relevancia que modifica notoriamente el espacio urbano (Carli, 2006).

En este escenario, las experiencias de niños y niñas comenzaron a ser documentadas en relación con la escuela, aunque fundamentalmente con la vida barrial y sus concreciones en actores, instituciones u organizaciones colectivas. La educación de un número importante de *chicos* y *chicas* –así definidos en estos estudios– que viven en las *periferias* de los centros urbanos del Gran Buenos Aires, fueron descriptas como relatos y *experiencias* con relación a las escuelas y a las familias, pero también con relación a aquellas intervenciones de diversos actores y organizaciones barriales y sociales (Santillán, 2011). Estos estudios narraron *trayectorias educativas* de niños y niñas que retrataron modos de vincularse cotidianamente en los barrios con voluntarios, maestros comunitarios, padres, referentes sociales y estatales, con la intención de mostrar las formas locales que asumía la educación en esos contextos y así desafiar los enunciados que aluden a *carencias culturales* y ausencia de lazos entre clases populares.

Las complejas relaciones entre instituciones y orientaciones políticas estatales, también fueron estudiadas a través de la vida infantil en situación de calle (Montesinos y Pagano, 2010 y 2011). El aporte de estos trabajos radicó en la pretensión de mirar las relaciones sociales que niños y niñas realizaban junto a grupos de pares y que pasaban a constituirse en sus *referencias sociales* más significativas. El grupo de pares fue visto entonces como un *ámbito de pertenencia* con normas, códigos, significaciones y valoraciones construidas al interior de estos colectivos. Sin embargo, esas

---

5   Según la autora, esta nueva visibilidad se dio por la universalización de la identidad infantil en la medida en que la concepción de niño como "sujeto de derecho" se inscribió en una figura global, aunque en un escenario de aumento inédito de la *vulnerabilidad* de la infancia en la Argentina (Carli, 2006).

relaciones de grupalidad continuaron siendo analizadas como rasgos *en/del* grupo y no como constitutivas de la vida social. En la etnografía que aquí presento, pongo el acento en este aspecto constitutivo de la grupalidad. Cuando en el capítulo 4 postulo que el grupo es uno de los medios a través de los cuales los niños –en este caso también con las niñas– logran alcanzar un estatus de masculinidad, pretendo dejar claro que esto es así porque en ese contexto el saber andar en grupo constituía un recurso para la lucha por el *capital simbólico* (Bourdieu, 1991 y 1997), cuya acumulación era una vía de acceso fundamental para las nociones de masculinidad y para la vida en la "toma".

Por otro lado, la vida de niños y niñas de poblaciones indígenas ha sido analizada en relación con las experiencias lingüísticas y religiosas en contextos urbanos (Hecht, 2009; Hecht y García Palacios, 2010). Estos estudios también localizados en provincia de Buenos Aires, abordaron etnográficamente los procesos de socialización lingüística y las identificaciones religiosas de niños y niñas, teniendo en cuenta las múltiples prácticas sociales en las que participan en el barrio. En concreto, visibilizaron modos variados de identificarse niños y niñas con relación a procesos sociales que viven (educación, migraciones, viajes, etc.) y dimensiones de su vida cotidiana (la lengua, la religión, las relaciones familiares). Lo interesante a destacar aquí es el agenciamiento de estos niños y niñas a través del espacio físico en el que transcurre su vida –el barrio y la calle– en relación con otras cuestiones que se potencian a partir de dicha espacialidad: las relaciones entre sí, con adultos vecinos y referentes del barrio, y organizaciones estatales y sociales que operan como partícipes activos en la constante definición de sus identidades.

La experiencia educativa desarrollada al interior de una densa trama que incluye a diversos actores individuales y colectivos y experiencias del mundo social, también ha sido estudiada por Milstein (2006, 2008 y 2009). En su estudio sobre la escuela primaria estatal, observó los modos particulares en que las referencias espaciales que hacían y decían los niños y las niñas de un barrio del partido de Quilmes (provincia de Buenos Aires), comunicaban significados acerca de la comunidad local en la que vivían. Al incorporar las interpretaciones de un grupo de niños y niñas colaboradores advirtió que las categorías *adentro* y *afuera* tenían una relevancia en las experiencias que relataban y en los espacios que *fabricaban*. Tomando esas categorías establecidas por los niños y las niñas en la vida barrial, Milstein pudo mostrar las relaciones profundas que la escuela local establecía con el mundo de afuera en tanto escenario en el que se expresaban los contravalores, las tensiones y opresiones sufridas por los colectivos populares empobrecidos de la zona. Esto nos permite visualizar el modo en que se entrecruzan grupos sociales –niños, niñas, maestros y vecinos–, cómo se relacionan con las instituciones del lugar y cómo se perciben unos a otros en espacios apropiados y representados.

Siguiendo esta línea de análisis, el trabajo de Tammarazio (2016) focalizó en la configuración del espacio urbano a partir de mirar las tensiones entre las prácticas políticas de la vida cotidiana de niños y niñas y la implementación de las políticas públicas relativas a la conformación del territorio urbano. El aporte para nuestro estudio queda revelado en la manera de pensar esos procesos de urbanización —en este caso, de dos barrios del norte del Gran Buenos Aires— en relación a las prácticas barriales de niños y niñas que suelen no tener voz autorizada en la definición de políticas de reordenamiento territorial, pero que sin embargo configuran los territorios, disputando, organizando y desorganizando la vida cotidiana y también las políticas diagramadas desde la racionalidad de las políticas públicas estatales.

Existen escasos antecedentes que hayan abordado los procesos de socialización agenciados por niños y niñas en la vida barrial de la ciudad de Neuquén, y mucho menos estudios que focalicen en las masculinidades para la comprensión de los procesos educativos en la región. En tal caso, destaco algunos trabajos de Szulc (2008 y 2011) en los que analiza la cotidianidad mapuche en contextos rurales y urbanos de la provincia de Neuquén. A pesar de tratarse de actores y contextos diferentes, con historias y trayectorias que en principio pueden parecer muy disímiles, sus trabajos reflejan la manera en que niños y niñas —en este caso mapuches— son objeto de disputas identitarias en las que intervienen resignificando los mensajes de *responsabilidades* y cuidados, por ejemplo. En ese sentido, la autora muestra la dimensión política que atraviesan las heterogéneas y cambiantes construcciones identitarias mapuche de la que son partícipes niños y niñas (Szulc, 2015).

Con relación al proyecto general en el que se desarrolló la investigación, destaco los análisis realizados sobre el modo en que los niños y las niñas construían conocimiento a través del caminar y el andar (Milstein, Pujó y Jaramillo, 2011). Asimismo, advertimos que los modos de organizar sus prácticas y discursos sobre las situaciones vividas eran intensamente espaciales (Milstein, 2013; Jaramillo, 2011 y 2016). En decir, las constantes alusiones a historias pasadas y presentes estaban vinculadas con lugares que eran reconstruidos durante los recorridos y las experiencias. Así comprendimos que las clasificaciones utilizadas por los niños y niñas se diferenciaban y, a veces, complejizaban otras clasificaciones como "violencia", "marginalidad" y "exclusión" usadas habitualmente en las escuelas, los medios masivos de comunicación, y las instituciones u organizaciones del lugar (Milstein, 2013).

## Dimensiones masculinas en estudios etnográficos

En el curso de los últimos veinte años las investigaciones de género han conquistado su espacio en las ciencias sociales. Mientras al inicio eran las mujeres y su construcción de feminidad lo que se encontraba en el centro de las investigaciones, últimamente se ha prestado atención a la construcción de las masculinidades en las relaciones entre varones, pero también entre varones y mujeres. En este contexto, las relaciones infantiles también empezaron a ser problematizadas a partir de las imbricadas construcciones sobre feminidad y masculinidad.

A principios de los años ochenta, la socióloga Barrie Thorne (1993) al estudiar las interacciones de niños y niñas en los espacios del aula, el patio de recreo y el comedor de escuelas primarias estadounidenses, advirtió la manera en que estos actores construían el género con relación a la edad, la etnia, la raza y la clase social. A través del concepto de *trabajo de frontera*, la autora ilustra el modo en que los juegos y los espacios escolares utilizados por los niños y las niñas incluían muy a menudo un aprendizaje sobre modos de comportarse varón y mujer, muchas veces en consonancia con la visión de género legitimada por la cultura escolar y los adultos en los salones de clases. Así, los juegos de persecución, por ejemplo, establecían una *frontera* entre sexos cuando los varones son los que corren a las niñas, reforzando con ello las diferencias de género. Con ello la autora advierte que la persecución en el juego, aunque parezca inocente, se convierte en algo de carácter más sexual con consecuencias en la formación de roles masculinos y roles femeninos. Y aunque Thorne advierte que los niños muchas veces atravesaban esas *fronteras* de género estableciendo otros valores de masculinidad, su mirada centrada en aquellos procesos de socialización escolar no formal, aporta mucho más sobre la cuestión de la reproducción cultural del género que en las diferentes feminidades y masculinidades.

Paul Willis (1988), enmarcado en los enfoques teóricos que miran a la escuela como espacio de reproducción y resistencia cultural, advirtió que los principios que definían las relaciones escolares de los jóvenes ingleses de clase media estaban asociados a principios masculinos nutridos en la *cultura de fábrica* a la que asistían después de clase. De esta manera, oponerse a la autoridad, la constante apariencia de estar "haciendo nada", la vestimenta, la *informalidad* grupal y la actitud frente a la violencia, el sexo opuesto y el otro extranjero, eran modos de ser varones que los jóvenes experimentaban en el barrio y en la escuela. En relación con esto, Willis visibiliza puntualmente las formas en que la violencia física y verbal ejercida por los jóvenes, lejos de ser una desviación social, constituían maneras de construir nociones de masculinidad y regular el honor al interior del grupo.

Esas relaciones entre clase social, sexualidad y etnia en contextos escolares, también fueron analizadas por Dubberley (1995) en una escuela secundaria de clase media situada al norte de Inglaterra. Allí el autor describe el modo en que alumnos y alumnas utilizaban el humor como medio de resistencia a la cultura dominante encarnada en el profesorado. Lo que Dubberley mostró a través del humor fue el abismo entre dos culturas y la manera en que los jóvenes evaluaban el respeto y la consideración de sus profesores hacia su propia cultura. Una de las pruebas más determinantes consistía en ver si los profesores eran capaces de soportar una broma, una característica constitutiva en la vida de estos jóvenes que difería sustancialmente de la idea de *reírse un rato*. En la comunidad minera a la que pertenecían estos jóvenes, había que aceptar una broma para demostrar la superioridad masculina *del montón*. En la perspectiva de estos jóvenes, un profesor debía soportar la broma para no ser *blando*, para controlar una clase y poder enseñar, es decir, para ser masculino. El conjunto de estos análisis me llevó a pensar la compleja relación entre barrio y escuela. Así advertí, por ejemplo, que cuando los niños de la "Toma" hablaban del robo en el barrio, también estaban hablando de sus experiencias en las escuelas y viceversa.

Los trabajos compilados por los antropólogos Cornwall y Lindisfarne (1994) navegaron por esta preocupación, aunque con mayor especificidad en la multiplicidad de masculinidades en diferentes escenarios.

En el contexto latinoamericano, el estudio de Gutmann (2002) constituyó otro aporte sobre el efecto que tienen los discursos en los sujetos, así como el proceso de interiorización en el desenvolvimiento de disposiciones masculinas. Esto lo llevó a decir que en todo sujeto coexisten distintas –y a veces hasta contradictorias– disposiciones y formas de masculinidad y a analizar la masculinización como un proceso dependiente también de la posición socioeconómica. Con ello, amplió el análisis de las identidades masculinas en la región más allá del machismo y toda forma de masculinidad considerada como tipo ideal (Zapata Galindo, 2001). Conocer estos análisis me permitió identificar en mi estudio, diversos modos de vivir las masculinidades en el barrio dependiendo de las relaciones que los niños establecían y los lugares que recorrían. Veremos, en el capítulo 4, la manera en que un mismo niño puede tener atributos masculinos valorados por el grupo en el ámbito de la calle al caminar con otros, aunque no así en la cancha al momento de disputar un partido de fútbol.

En nuestro país, algunos estudios etnográficos analizaron esas identidades masculinas en relación con el nacionalismo (Archetti, 2003), el espacio escolar (Molina, 2013), la violencia en el fútbol (Alabarces *et al.*, 2000; Garriga Zucal, 2007) y la fuerza pública militar y policial (Badaró, 2009; Sirimarco, 2009; Frederic, 2013; entre otros). Del conjunto de antecedentes, subrayo a continuación aquellos que iluminaron algún aspecto analítico de los capítulos que componen este libro. En primer lugar, el libro *Masculinidades* de Archetti (2003), cuyo propósito fue comprender la identidad argentina mediante el estudio de las masculinidades en el fútbol, el polo y el tango. Partiendo de la hipótesis de que el estereotipo masculino emergió durante el proceso de modernización, como parte de una indagación general sobre imaginarios, símbolos e identidades, Archetti tomó para su análisis prácticas corporales típicamente modernas a raíz de considerarlas arenas públicas para comprender las ideas nacionalistas dominantes. Para el caso argentino se trató del análisis de la *hibridación* y de las formas variadas en que fueron y son clasificados los géneros masculino y femenino, en relación con la cultura nacional moderna y el contexto global. Es decir, el concepto de *hibridación* fue utilizado por el autor para designar la manera particular en que se construyó tempranamente la identidad nacional en una sociedad de *modernidad periférica* como la argentina y con un masivo proceso inmigratorio en las primeras dos décadas del siglo XX. Con ello advirtió que las masculinidades visibles de nuestro país fueron imágenes de una masculinidad encarnada no en una moral burguesa sino liminal y fronteriza: el *gaucho* de las pampas interiores sin dueño, era performado por los jugadores de polo; el *compadrito* de los arrabales era ejecutado por el bailarín de tango; y el *pibe* de los potreros por el jugador de fútbol (Guber, 2005). La construcción de lo nacional ocurrió según Archetti en el interior de un proyecto modernista, caracterizado por la introducción de prácticas culturales extranjeras.

De este modo, la manera argentina de jugar al fútbol –por su creatividad y libertad– se opuso a la disciplina asociada a lo británico al imponer la figura del *pibe* como representativa del estilo argentino. Así, los jugadores de fútbol argentinos desafiaron el modelo de masculinidad dominante vinculado a la razón, la disciplina y las responsabilidades del hombre adulto (familia, paternidad, trabajo), a través de la mitología del *potrero*, la libertad de la *gambeta* y la individualidad en el juego. Esos modelos, aunque se verán de manera particular en el desarrollo de los capítulos que a continuación presento, serán trascendidos por las mismas identificaciones masculinas producidas por los niños. Es decir, veremos que la masculinidad en el fútbol será intrínseca al análisis por las relaciones entre varones más allá del juego y la cancha, más específicamente por un saber andar y estar entre varones que le permitía establecer vínculos y valoraciones comunes en el barrio.

En el marco de una indagación más amplia sobre las construcciones de género y sexualidad en escuelas secundarias cordobesas, Molina (2013) logra desentrañar algunos focos o nudos más álgidos en los que se disputan sentidos de masculinidad, entre otros. Por un lado, analiza la importancia del deporte –y en particular la identificación con el fútbol o el ser *futbolista* – como estrategia de despliegue de ciertas virtudes masculinas como la valentía, la fuerza física, la virilidad, la habilidad y la resistencia moral en la trama de relaciones de grupos escolares; y por el otro, estudia los discursos y los usos del cuerpo valorados masculinos que la escuela en general y un grupo de compañeros en particular, establecen en relación con dos alumnos definidos por sus pares y por sí mismos como *putos*. Aquí la autora se encarga de develar los recursos discursivos y las estrategias de competencias deportivas que sus compañeros despliegan para resaltar frente a los alumnos gay –caracterizados *como de mujer*–, atributos considerados masculinos como los señalados arriba, manteniéndose al margen de manifestaciones desvirilizantes.

Así como la autora se interesa en mostrar cómo la escuela se constituye en lugar de ensayo de afectos, sexualidades y relaciones de género y posibilita la construcción de un espacio para exhibirse, mostrarse, saberse visto, deseado y buscado; en este libro ese lugar de ensayo estará dado por los espacios de la calle, la "barda", la cancha de fútbol y la condición de grupalidad que los niños construían en el barrio "Toma Norte" de Neuquén.

Garriga Zucal (2007) en su etnografía sobre los miembros de una hinchada de fútbol, analiza el rol de la violencia como atributo masculino que inserta a estos actores en redes sociales de relaciones personalizadas. En su estudio, la violencia física era la forma en que los miembros de la hinchada se distinguían e identificaban a través de un sistema de valores y códigos de prestigio. Estos modos de organización y socialización en la dinámica de las prácticas violentas validaban a su vez modos y estilos masculinos. El *aguante*, por ejemplo, era el atributo que distinguía a aquellos que podían en un enfrentamiento corporal ganarse el respeto tanto de los que manejan concepciones diferentes en torno de la violencia como de los iguales. A través de esas prácticas –que además incluía relatos, cánticos, banderas y narraciones– los actores concebían a la violencia como un valor positivo colmado de prestigio y honra. Este análisis desarrollado en profundidad, le permitirá al autor definir a la violencia como un *capital simbólico* que engloba formas corporales y gestuales que exhiben conocimiento y experiencia de lucha y resistencia.

Lo interesante del análisis de Garriga Zucal, también estará relacionado con el momento en que la propia hinchada vinculaba la violencia con la esfera pública donde compartían el espacio con otros actores que no pertenecían al grupo y tampoco compartían los mismos sentidos y valores. Allí el autor advierte atinadamente la importancia de exhibir ese *capital violencia* no necesariamente recurriendo a prácticas violentas, sino también exhibiendo armas, contando historias, enseñando canciones, homenajeando imágenes y otorgándole a la espacialidad de su barrio características intrínsecamente violentas. Esta forma particular de mostrarse tenía como objetivo acumular y legitimar capital, y al mismo tiempo establecer relaciones con actores del espacio futbolístico y barrial. Estos análisis en relación a las prácticas y sentidos de jóvenes y adultos miembros de una hinchada, me ayudaron a comprender el robo nombrado por los niños, como aquel *capital* del que se valían para establecer principios de organización en la vida grupal con formas de prestigios y respetos asociados a la masculinidad.

## Orientaciones teóricas

En este apartado expongo las diferentes perspectivas teóricas en las que se sustenta la investigación. Como veremos, cada uno de los capítulos que la componen van desplegando interpretaciones que surgieron de la articulación entre el trabajo de campo y los conceptos nodales que a continuación describo.

## Identificaciones masculinas

Para este concepto he tomado los aportes de la sociología, la antropología y las teorías feministas sobre estudios de género, en particular aquellos que focalizan en la construcción de masculinidad a través de las interacciones en el cotidiano como sentidos de contextos más amplios. Un concepto esencial en este sentido se refiere al de *masculinidad*, entendido como un sistema de relaciones de género producidas en la posición y en las prácticas por las cuales los sujetos se comprometen con esa posición de género, así como los efectos derivados de esas prácticas en sus cuerpos, en sus personalidades y en la cultura (Connell, 1997 y 2003). Entiendo, al igual que el autor, que cuando hablamos de masculinidad estamos hablando de género en una forma culturalmente específica. Se trata de una configuración práctica que se ubica simultáneamente en varias estructuras de relación y que pueden estar siguiendo diferentes trayectorias históricas (Bourdieu, 1998). En este sentido, no es un dato menor advertir que cuando utilizo las categorías "niños" y "niñas", "varones" y "mujeres", estoy reflejando la manera en que los sujetos se definían a sí mismos y se identificaban con el género en el barrio.

Asimismo, coincidimos con estos autores que resulta imposible pensar la masculinidad sin femineidad, en hombres sin mujeres. Según Badinter (en Pinilla Muñoz, 2012) la *masculinidad* se adquiere, en gran parte, a través de un proceso de diferenciación con el mundo femenino. Sin embargo, obtiene relevancia para este trabajo lo señalado por Molina (2013) respecto de la necesidad de correrse de una noción de género como diferencia sexual. Al recuperar los aportes de la teórica feminista Teresa De Lauretis, la autora advierte que la diferencia sexual es en primera y última instancia una diferencia mujer/varón que limitaría las posibilidades del análisis, al constreñir el pensamiento dentro del marco de una oposición sexual universal. De modo que las diferencias de las mujeres así como la constitución de las masculinidades deben ser pensadas con sujetos históricos y en relaciones reales, donde se entrecruzan relaciones sociales, relaciones de trabajo, de clase, de raza y de sexo/género.

En la construcción de ese proceso, Cornwall y Lindisfarne (1994), Connell (1997) y Gutmann (2002), señalaron la importancia de estudiar las *masculinidades* en plural, argumentando que ha habido a lo largo de la historia diferentes masculinidades que son específicas de cada contexto cultural y que siempre están asociadas a contradicciones internas y a rupturas históricas. Esta perspectiva teórica rechaza la idea única de masculinidad y de un modelo masculino universal, válido para cualquier lugar y en cualquier momento. De este modo, las identificaciones de género expresan y legitiman relaciones de poder, donde la masculinidad no sería solamente una manera de vivir la sexualidad y de cumplir roles sociales y sexuales que se presuponen, sino que sería principalmente un símbolo de las jerarquías sociales, el poder y la autoridad (Bourdieu, 1998).

Estas referencias teóricas ayudan a plantear sin dificultad lo dicho por Cuche (2002) al estudiar la noción de cultura en las ciencias sociales: la identidad de un grupo no se define con el *inventario* del conjunto de los *rasgos culturales* distintivos, sino con aquellos rasgos empleados por los miembros del grupo para afirmar y mantener una distinción cultural. De manera que la diferencia identitaria es el resultado de las interacciones o la relación entre los grupos y de los procedimientos de diferenciación que instauran en sus relaciones, antes que la búsqueda de una supuesta esencia que definiría la identidad (Cuche, 2002). A lo largo de este trabajo llamaremos la atención sobre la manera en que la vida de estos niños transcurría en identificaciones –circunstancias, estados, prácticas– asociadas con la masculinidad que se deslizaban a través del tiempo y se transformaban de acuerdo a los contextos (Quirós, 2006).

## Socialización

La antropología cuenta con una extensa tradición de investigaciones interesadas en analizar la relación individuo y cultura, y con ello la transmisión cultural. Los estudios más famosos fueron los realizados en las décadas de 1920 y 1930 por antropólogos norteamericanos vinculados a la escuela de Cultura y Personalidad, especialmente los de Margaret Mead. Estos antropólogos, formados en la escuela culturalista fundada por Franz Boas, se preocupaban por entender lo que significaba ser niño, niña y adolescente en otras realidades socioculturales, tomando frecuentemente la sociedad norteamericana de la época como un contrapunto (Cohn, 2005)[6]. A pesar de ello, la mayoría de los trabajos han tomado una perspectiva basada en el punto de vista de los adultos y han considerado a niños y niñas personas incompletas en proceso de formación, lo que ha vedado su papel activo dentro de la dinámica cultural y su capacidad para construir culturas autónomas tan complejas como las de los adultos (Hirschfeld, 2002).

---

6    Otro precursor en el estudio de la infancia fue Bronislaw Malinowski, quien en 1929 publicó su libro *La vida sexual de los salvajes del noroeste de Melanesia*, en donde describe las ideas y prácticas sexuales de las sociedades que había estudiado, especialmente los Trobiand, poniendo énfasis en la manera en que se socializaba a los niños con relación a su sexualidad. Tanto Malinowsky como Mead, orientaron sus estudios a conocer el paso de la niñez a la adolescencia a través de la experiencia sexual, y sus etnografías evidenciaron mucho sobre esas conductas en su transición al mundo adulto, las cuales mostraban un fuerte contraste con las sociedades occidentales desde las que estos antropólogos pensaban.

La educación de los niños fue pensada bajo este modelo en la medida en que eran considerados parte de un mundo natural a los que se les debía *inculcar* una cultura *externa* localizada en los adultos, únicos responsables de transmitirla. Así planteada, la cultura tendría el supuesto de un emisor activo –el adulto– y un receptor pasivo –el niño–, así como una dirección esencialmente verticalista. Para Toren (en Pires, 2010: 147, mi traducción), *esta noción de socialización tiene origen en el siglo XIX y está presente en todos los modelos europeos destinados a la educación de la primera infancia del siglo XX, desde Freud hasta Skinner.* Además, se ha construido a partir de una noción cristiana de la Edad Media en la que el niño debía ser moldeado como la arcilla *a imagen y semejanza*: así, su inserción gradual en la sociedad dependería de la relación con el padre y las características heredadas por él. De esta manera, las prácticas en cuestión son consideradas parte de una socialización en desarrollo temporal *monocrónico* y *unilateral*, asociado a una perspectiva evolucionista sustentada en patrones biológicos (Padawer, 2010).

Al decir de Flavia Pires (2010), estos estudios privilegiaron una visión de socialización infantil como mecanismo gradual de obtención de cultura, en donde los niños y las niñas eran tratados como *índices* del mundo adulto. Es decir que los niños no eran tratados en sí mismos, sino como un *índice* de una realidad que los sobrepasaba: *el niño de la calle como consecuencia de una sociedad socialmente desigual; el niño desajustado socialmente como consecuencia de una familia desequilibrada; y estudios que enfatizan cómo se debería educar a los niños con el fin de obtener, como resultados, adultos más exitosos, inteligentes o cualquier otra característica soñada por los padres o educadores* (Pires, 2010: 147, mi traducción).

En contra de esta concepción de socialización que se refiere a etapas sucesivas y delimitadas mediante hitos y ritos, y que tiene por objetivo formar seres estandarizados a través de la *inculcación*, Toren (2010) plantea que los seres humanos (como todos los otros seres vivos) son *sistemas autopoiéticos*, sistemas de autoorganización cuya principal característica es ser autónomo y activo. Esto no significa un sistema que tiene el control completo de las condiciones de su existencia, ya que se coloca en un mundo habitado por otros seres. Él produce o se crea a sí mismo, pero sin olvidar que la relación con los demás es esencial en el *proceso autopoiético humano*. Para esta autora, no somos *individualmente sociales y socialmente individuales*, somos en nuestra propia *naturaleza* seres sociales, y, por eso, es la historia de nuestra relación con los otros que informa quiénes somos en cuanto personas singulares (Pires, 2010: 145)[7]. En tanto seres sociales,

---

7    *Los sistemas autopoiéticos producen seres únicos, ya que ninguna historia de encuentros con otros organismos es idéntica, incluso en el caso de gemelos intrauterinos. Por eso no hay manera de determinar cómo el niño será en el futuro, ya que lo que acontece en el proceso micro-histórico escapa de las predicciones de los padres y los especialistas* (Pires, 2010: 147-148, mi traducción).

los niños no pueden considerarse desde una existencia autónoma, sino que se encuentran inmersos en una red de relaciones e interacciones múltiples y complejas.

Sobre este carácter interdependiente del proceso de socialización, Elias (1998) advierte que, si bien la relación entre padres e hijos es una relación de dominación, ésta es una relación compleja donde los niños no son agentes completamente pasivos ya que se presenta una *reciprocidad* de las *oportunidades de poder*. En efecto, las cosas no se limitan al poder de los padres sobre los hijos, sino que normalmente los niños, incluso los recién nacidos, también ejercen un poder sobre los padres. Por lo tanto, el proceso de socialización nunca es unidireccional, y mucho menos un proceso reducido a la internalización de deseos, normas, roles y valores. El aprendizaje reside en la memoria y la mente, y también en otras formas de conocimiento donde el cuerpo figura entre las posibilidades (Tenti Fanfani, 2000).

Marcel Mauss (1979) fue quien advirtió el carácter simbólico y por lo tanto social del cuerpo, destacando con ello la incorporación de un *habitus* a través de la mediación práctica de una cultura o grupo social particular. Sus planteos, retomados y teorizados luego por el sociólogo francés Pierre Bourdieu (1991 y 1997), fueron los que establecieron definitivamente para las ciencias sociales la necesidad de pensar al cuerpo como producto social modelado por condiciones materiales y culturales de existencia en tanto se incorporan *disposiciones* más o menos permanentes, que incluyen la postura corporal, las maneras de moverse, de hablar, de oler, de mirar, de percibir, de clasificar y jerarquizar. A partir de estos enfoques, la socialización fue definida como la formación en los individuos de un *habitus* a través del cual se adquiere un conjunto duradero y transportable de esquemas comunes de pensamientos, de percepción, de apreciación y de acción (Cot y Mounier, 1978).

Con ello privilegio el estudio de las estrategias concretas y cotidianas que los grupos movilizan alrededor de la educación como parte de los mecanismos de reproducción cotidiana y social. Esos aprendizajes de sentidos, esquemas y prácticas culturales, pueden pensarse como producción de conocimiento social y como mecanismo de sobrevivencia cotidiana y estrategias que los niños y las niñas construyen para mantener o mejorar su posición social en el sistema de relaciones de clase y género.

## Habitus y capital simbólico

En relación con lo anterior, me interesa destacar muy brevemente la manera en que la existencia de lo social en los individuos ocurre como resultado de procesos históricos que se entienden relacionadamente. Bourdieu (1991) introduce dos conceptos para explicar dicha relación: *campo* y *habitus*. Con el primero se refiere a las estructuras sociales objetivas, y con el segundo, como ya señalé, se refiere a esa predisposición a percibir, sentir, valorar, pensar y actuar de determinada manera. En la perspectiva del autor, ese *habitus* como principio generador y estructurador está directamente ligado al cuerpo en tanto práctica incorporada. En palabras del autor, el *habitus* es definido como *sistemas de disposiciones duraderas y transferibles, estructuras estructuradas predispuestas para funcionar como estructuras estructurantes, es decir, como **principios generadores y organizadores de prácticas y representaciones** que pueden estar objetivamente adaptadas a su fin **sin suponer la búsqueda consciente de fines y el dominio expreso de las operaciones** necesarias para alcanzarlos, objetivamente "reguladas" y "regulares" sin ser el producto de la obediencia a reglas, y, a la vez que todo esto, colectivamente orquestadas sin ser producto de la acción organizadora de un director de orquesta* (Bourdieu, 1991: 92, destacado mío).

De esta definición se desprende una cuestión central para este libro: el *habitus* como principio generador y estructurador está directamente ligado al cuerpo en tanto práctica incorporada. En un trabajo más reciente, Bourdieu fue más explícito sobre este tema al referirse al *habitus* como *sistemas transferibles y perdurables de esquemas de percepción, apreciación y acción resultantes de la institución de lo social en los cuerpos* (Bourdieu y Wacquant, 1995: 87). El cuerpo se constituye así en uno de los modos de existencia de lo social. Según sus planteos teóricos, lo social existe de doble manera: en las cosas y en los cuerpos. El cuerpo es historia y el *habitus* es la historia hecha cuerpo, *que puede definirse como el modo en que uno hace carne las condiciones objetivas de afuera, externas al individuo. Las prácticas, las representaciones, las vivencias y las experiencias son la expresión de ese cuerpo socializado, historizado, bajo la forma de un habitus* (Gutierréz, 2009: s/n).

Para Bourdieu (1991: 124), *lo que se aprende en el cuerpo no es algo que se posee como un saber que uno puede mantener delante de sí, sino algo que se es.* Por tal motivo, aquello corporificado queda globalmente olvidado en tanto las disposiciones se naturalizan, aunque aspectos fragmentarios de lo inscripto se vinculan, en forma constante, con el lenguaje y las representaciones (Milstein y Mendes, 1999). De manera tal que los sistemas de creencias, las normas y reglas, los roles sociales y los complejos significados presentes en las relaciones sociales *no existen sólo, y no se manifiestan nunca en su totalidad, a través de los distintos discursos sociales, sino que además, y fundamentalmente, existen "encarnados", corporizados en las disposiciones del cuerpo a percibir, sentir, pensar, actuar, experimentar la realidad de una manera determinada* (Milstein y Mendes, 1999: 21).

Esa determinada manera de actuar la realidad está ligada siempre a las condiciones objetivas de clase que se encuentran incorporadas, y que al mismo tiempo funcionan como *capital simbólico* acumulado. Con este concepto el autor se refiere a *cualquier especie de capital (económico, cultural,* escolar o social) cuando es percibida según unas categorías de percepción, unos principios de visión y de división, unos sistemas clasificatorios, unos esquemas clasificadores, unos esquemas cognitivos que son, por lo menos en parte, fruto de la incorporación de estructuras del campo considerado, es decir, de la estructura de distribución del capital en el campo considerado (Bourdieu, 1997:151). Estas disposiciones, al incorporarse a través de una serie de condicionamientos propios a modos de vida particulares, permite que el *habitus* sea aquello que caracteriza a una clase o grupo social en relación con otras que no comparten las mismas condiciones sociales.

## Grupo y redes vinculares

Al interrogarnos sobre las identificaciones masculinas en un grupo de niños y niñas, la esencia de lo grupal emerge como concepto clave para nuestro estudio. Sobre todo, porque fueron los mismos actores los que definieron ese escenario de grupalidad. Mis colaboradores no hablaban de redes o asociaciones para referirse a sus experiencias en grupos. En consecuencia, esta categoría nativa tuvo que ser necesariamente tomada en cuenta desde el enfoque de Pichon-Rivière (1982). Como muestro más adelante, estos niños formaban parte de una trama barrial compleja, en la que establecían vínculos y relaciones sociales con pares y adultos. Según Pichon-Rivière, *la subjetividad está determinada histórica y socialmente, en tanto el sujeto se constituye como tal en proceso de interacción, en una dialéctica o interjuego entre sujetos, de la que el vínculo, como relación bicorporal y el grupo, como red vincular, constituyen unidades de análisis* (Quiroga, 1992: 80). Desde esta perspectiva, la caracterización de la psicología como social parte de una concepción de lo subjetivo que jerarquiza los procesos de determinación social-vincular del sujeto, determinación que se cumple en experiencias concretas, de interacción. Esos procesos interaccionales, sustancia de toda trama vincular, constituyen el horizonte de la conducta humana, el contexto en que dicha conducta reviste significatividad.

Según Elias (1990), cada uno de los seres humanos que caminan por las calles aparentemente ajenos e independientes de los demás está ligado a otras personas por un cúmulo de cadenas indivisibles, ya sean estas cadenas impuestas por el trabajo o por propiedades, por instintos o por afectos. Al establecer que los individuos son parte de un armazón de funciones interdependientes, su pensamiento es iluminador respecto de la relación individuo y sociedad como parte de un entramado social más amplio: *El ser humano individual vive, y ha vivido desde pequeño, dentro de una red de interdependencias que él no puede modificar ni romper a voluntad sino en tanto lo permite la propia estructura de esa red; vive dentro de un tejido de relaciones móviles que, al menos en parte, se han depositado sobre él dando forma a su carácter personal* (Elias, 1990: 29). El sujeto aparece entonces bajo un doble carácter: como agente, actor del proceso interaccional, a la vez que configurándose en ese proceso, es decir, emergiendo y siendo determinado por las relaciones que constituyen sus condiciones concretas de existencia.

El grupo, como red vincular, se estructura sobre la base de una *constelación de necesidades-objetivos-tarea* (Pichon-Rivière, 1982). Ese objetivo es definido desde la necesidad, aquello de lo que se carece y hacia lo que se tiende. Es por esto que Pichon-Rivière sostiene que no hay vínculo y grupo sin tarea, ya que en toda relación se establece un sentido de operatividad logrado o no. La especificidad de esa relación está dada por un reconocimiento de sí y del otro, en un proceso en espiral. En el vínculo cada sujeto reconoce al otro como diferenciado de sí, a la vez que relacionado con él. En ese proceso de *mutua representación interna* es que emerge el *nosotros*, la vivencia de la unidad vincular o grupal. Esta vivencia se transforma en *pertenencia*, caracterizada como *el sentimiento de integrar un grupo, el identificarse con los acontecimientos y vicisitudes de ese grupo. Por esa pertenencia "cuenta con ellos", y puede planificar la tarea grupal incluyéndolos. La pertenencia permite establecer la identidad del grupo y establecer la propia identidad como integrante de ese grupo* (Quiroga, 1992: 96-97).

## Acerca de la metodología

Como señalé al inicio, el trabajo de campo se enmarcó en una investigación etnográfica colectiva cuyo modo de investigación social y educacional ponderó la necesidad de estudiar de primera mano lo que la gente hacía y decía en contextos escolares y barriales, lo cual supuso un contacto bastante prolongado de los investigadores con maestras, directivos, "porteros", niños y niñas, referentes barriales y vecinos del lugar en escenarios como la escuela, el comedor comunitario, la comisión vecinal, la plaza, la calle, la barda, la "feria del trueque"[8], festejos barriales y hasta algunas casas particulares. En aquellos encuentros, nos esforzábamos por resaltar la intersubjetividad del trabajo de campo, constituyéndose para nosotros en un proceso de construcción de la realidad antropológica que no redujo el campo a un contexto de recolección de información (Guber, 1991). Esto nos permitió acercarnos a la cotidianidad de nuestros interlocutores de una manera vivencial que nos llevó a considerarnos desde el inicio, todos sujetos aprendices. Un aspecto importante en el trabajo con niños y niñas, fue nuestra resocialización en el campo experimentando la *reflexividad* de los otros y las nuestras (Guber, 2001 y 2014), y así crear vínculos lo más hori-

---

8   Lugar donde la gente del lugar y alrededores realiza venta de verduras fundamentalmente y algunos productos comestibles, aunque también se pueden comprar prendas de ropa y música o películas en formatos de CD y DVD. Más adelante, en la descripción del contexto, volveré sobre esto.

zontales posibles que nos permitieran aprehender con ellos la vida en la "Toma".

Para ello, en marzo de 2010 comencé el trabajo de campo en la zona oeste donde se ubica el barrio "Toma Norte" de la ciudad de Neuquén, junto a un grupo de cuatro investigadoras. Allí iniciamos las indagaciones del proyecto colectivo en la escuela primaria estatal N°312 del plan de vivienda aledaño a la "Toma", con una concurrencia permanente durante los primeros seis meses utilizando estrategias de observación participante en diferentes momentos y situaciones de la vida escolar (recreos, baños, cocina, oficinas, reuniones formales e informales, y jornadas institucionales) y barrial (marchas docentes, fiestas populares, comedor comunitario, comisión vecinal y plazas). A partir del mes de octubre, las actividades de indagación se ampliaron y complementaron en la "Toma" y en la trama barrial de la zona, a través de la incorporación de un grupo estable de niños y niñas como colaboradores en el trabajo de campo, pero en ello me detengo más adelante.

Dada la importancia de las escuelas para el proyecto original, mis observaciones participantes en la cotidianidad escolar –muchas veces acompañado por otras colegas– continuaron durante los meses marzo a julio de 2011, y febrero a marzo de 2012, dos o tres veces por semana en periodos de cuatro horas por la mañana. Además, durante el primer año realicé visitas, aunque con menos frecuencia, en otra escuela primaria estatal contigua a la anterior, la escuela N° 336. Esto permitió realizar contrastes en los análisis y complementar el abordaje de algunas preguntas centrales de la indagación colectiva.

En ambos casos realicé entrevistas individuales y grupales a distintos actores escolares (principalmente directoras, maestras y "porteros") y actores del barrio (dos personas encargadas del comedor, el presidente de la comisión vecinal y dos vocales, el presidente de la liga de fútbol, una maestra que trabajaba en el gobierno provincial a través de una organización de ayuda comunitaria, y el oficial a cargo de la policía "comunitaria" de la comisaría 18). Las entrevistas grupales en general, tuvieron la particularidad de realizarse en grupo entre interlocutores e investigadores, y la mayoría de las veces fueron organizadas según la propuesta de los propios actores. Fueron de suma utilidad también las conversaciones espontáneas que se produjeron con diferentes actores en distintos momentos: alumnos y alumnas en situación de recreo y horas de clase, madres y padres durante actos escolares, y vecinos del barrio caminando, participando de algún festejo, recorriendo la "feria del trueque" o estando en la parada del colectivo.

El trabajo en colaboración con un grupo de niños y niñas de ambas escuelas que adelanté arriba, fue clave para incorporar los sentidos y significados de estos actores con respecto a la escuela, el barrio y la zona que estudiábamos. Así fue que les propusimos a nuestros colaboradores que contaran a las demás personas –tanto a vecinos del barrio como a los investigadores– la historia del barrio desde su perspectiva. El lugar elegido por los niños y las niñas para trabajar fue el comedor comunitario del barrio, un espacio manejado por los dirigentes de una liga de fútbol, y donde se realizaban diferentes actividades como la cena diaria a unos cincuenta "chicos", clases de gimnasia a mujeres, de apoyo escolar a través de la "escuelita dominical", la feria de ropa y festejos de cumpleaños familiares. Allí conocimos a las primeras integrantes mujeres del grupo que rápidamente nos presentaron a otros tres varones y se encargaron de contarles del grupo a sus hermanos y amigos.

Esta experiencia abarcó dos periodos que incluyeron los meses de junio a diciembre en 2010 y de marzo a octubre en 2011. En una primera etapa, el grupo se conformó por ocho niños y tres niñas: Violeta, de 9 años; Fernanda, Ernesto y Yony, de 14, 15 y 10 años; y Alejandro, de 7 años. Al poco tiempo se sumaron Ruth y Elías, de 14 y 12 años, hermanos de Violeta; y más tarde Yon, Marcos, Pedro y Nico, que tenían entre 11 y 12 años y jugaban en el mismo equipo de fútbol junto con Elías. En una segunda etapa, el grupo se terminó de conformar por siete niños y dos niñas: Violeta, Ruth, Elías, Yon, Marcos, Pedro, Nico, Jorge y Claudio. Estos dos últimos con 10 y 12 años de edad.

Con el grupo utilizamos metodologías y técnicas antropológicas para que los niños y las niñas adopten el rol de etnógrafos y registren su cotidianidad no sólo en palabras sino también en registros escritos, de audio y a través de imágenes. Para ello se programó un conjunto de actividades según las propuestas e intereses del grupo orientadas a realizar conversaciones grupales, caminatas por el barrio, observaciones, entrevistas a vecinos, registros fotográficos, dibujos de planos, visitas a sus casas y recorridos por otras "tomas" cercanas al barrio.

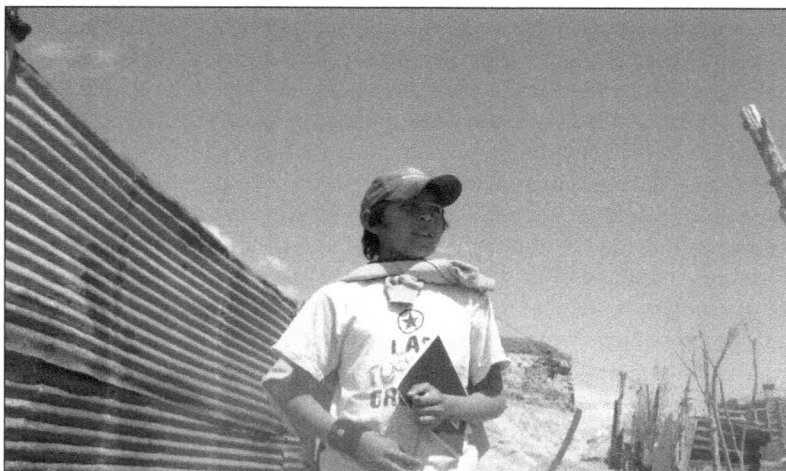

Yon recorriendo el barrio con cuaderno y lápiz en mano.

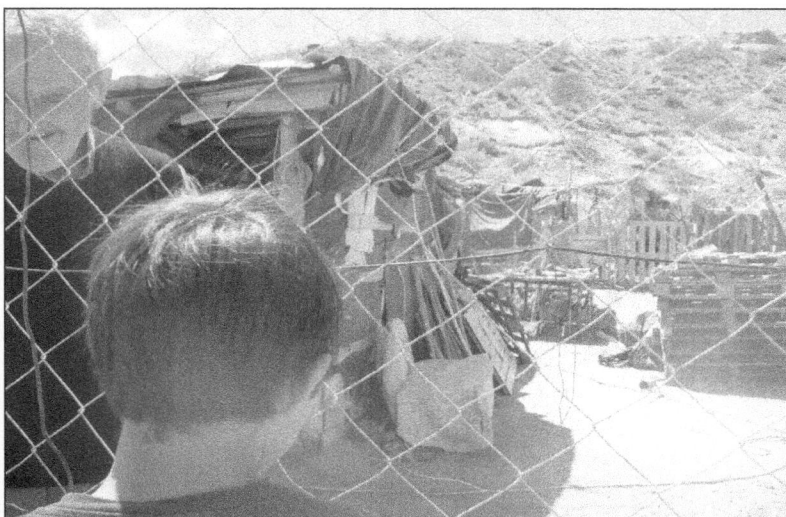
Marcos conversando con un vecino y registrando en su cuaderno

Nuestros encuentros ocurrían en periodos de tres a cuatro horas, algunos días de semana, aunque con mayor frecuencia los días sábados por las mañanas o las tardes. En cada uno de esos encuentros los niños y las niñas tenían acceso a materiales con los cuales trabajar, como por ejemplo cuadernos, hojas, lápices de colores, marcadores, pinceles, plasticolas, grabadores y cámaras fotográficas. Estos materiales estaban a disposición para trabajar en el comedor o en sus casas.

Durante esa primera etapa, fueron importantes las conversaciones grupales que mantuvimos a partir de las entrevistas que algunos –sobre todo las niñas– traían anotadas en sus cuadernos con el propósito de contar la historia del barrio. A través de sus diálogos conocimos nombres y trabajos específicos de vecinos e identificamos sus casas y grupos de familias. Así, supimos de vínculos más cercanos y más conflictivos entre vecinos y los propios niños y niñas. También nos presentaron a adultos referentes del comedor, la "canchita", la radio, el grupo "JEO"[9] y nos llevaron a conocer algunos festejos barriales –"día de la familia", "día de la madre", "día del niño"– ligados a esos grupos y a la política en el barrio.

Luego de varias semanas, los niños y las niñas produjeron planos que respondieron a la consigna otorgada por los investigadores de dibujar el barrio y los lugares recorridos. Entre otras cosas, todos los niños dibujaron

---

9    Se trataba de un grupo de jóvenes coordinados por una vecina del lugar, una maestra y una psicóloga –estas últimas dependientes del Consejo Provincial de Educación. Sus actividades en el barrio consistían en ofrecer ayuda social a través de clases de apoyo, la copa de leche, venta de ropa y la organización de festejos barriales.

la "barda", la "cancha", la calle "Rodhe" y algunos negocios y casas del lugar. De este modo, pudimos conocer los recorridos diarios que los niños realizaban para desarrollar sus actividades cotidianas en el barrio. Esos dibujos nos mostraron los espacios que frecuentaban, con quiénes interactuaban, qué actividades realizaban y, fundamentalmente, las relaciones que entablaban entre ellos y con las personas del lugar. Así, pudimos darnos cuenta de que la cancha de fútbol y la "barda" eran lugares muy valorados por los niños y los adultos, un aspecto del barrio que no había sido evidenciado en la escuela y tampoco por los adultos de la "Toma" con quienes habíamos interactuado. Esta experiencia estuvo complementada con las caminatas que con el grupo ya veníamos realizando en el barrio.

Todas esas actividades realizadas en conjunto fueron plasmadas en un libro confeccionado por el grupo que llevó como título el nombre que los niños y las niñas le dieron al grupo, "Conociendo Toma Norte". Por tratarse de un libro de veinticuatro páginas fabricadas en hojas de cartón con una dimensión de unos 30 cm. de largo y 36 cm. de ancho, era apodado por los niños y las niñas como "libraco".

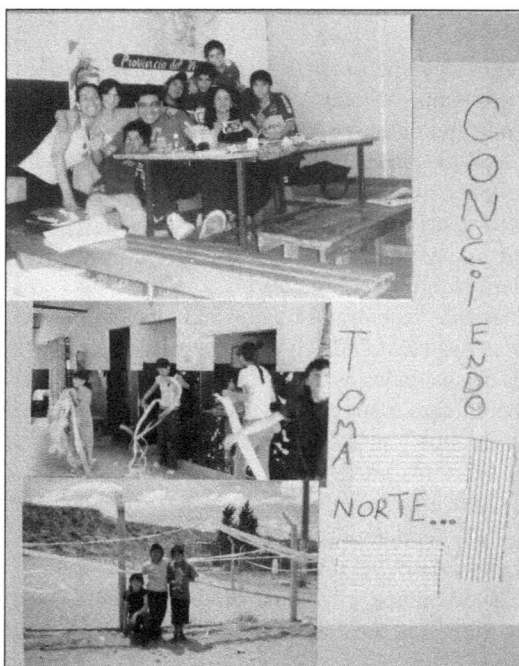

Tapa del Libro "Conociendo Toma Norte", escrito y confeccionado por el grupo.

En el transcurso del segundo año se priorizaron los recorridos por diferentes lugares y actividades del barrio. En ese sentido, participamos con mayor asiduidad en los partidos de fútbol, los festejos barriales y las actividades de apoyo escolar organizadas por el grupo "JEO" en casa de familia.

A través de esos encuentros pude afianzar los vínculos con el grupo, tener un mayor acercamiento con algunos adultos del barrio, y registrar las interacciones que los niños y las niñas desarrollaban en su cotidianidad. Ese denso mundo de redes vinculares del cual nuestros colaboradores tenían participación, adquirió un valor fundamental para la indagación colectiva y la propia.

## Organización del libro

Con la intención de mostrar de qué modo y en qué sentido las masculinidades eran constitutivas de la vida social de estos niños, organicé esta etnografía en cuatro capítulos.

El capítulo 1, *"Yo de Toma Norte": la trama barrial del texto*, presenta el contexto en el que sitúo la investigación, ubicándolo espacial y temporalmente. Para ello, reconstruyo un ingreso colectivo al campo con la intención de mostrar la trama de barrios y "tomas" con las que nos relacionamos los investigadores al situar el lugar y la manera en que esos espacios y relaciones fueron re-construidos por los propios actores y los niños y las niñas en particular. A través de esos fragmentos, describo la interacción con la gente del lugar y, a través de ella, la interacción social en "Toma Norte". Aquí me detengo en la descripción del barrio a partir de los diferentes espacios y relaciones que los niños y las niñas establecían en su cotidianidad. En el capítulo 2, *"Sabemos caminar": identificaciones masculinas en movimiento*, esas relaciones serán analizadas en las prácticas del caminar para mostrar el lugar que ocupan esas prácticas en la vida barrial del grupo y, más específicamente, cómo a través de ellas producen relaciones masculinas y femeninas. Para ello, nos centraremos en la descripción de algunos recorridos realizados con el grupo en los espacios de la calle, las "bardas" y canchas de fútbol, intentando poner de manifiesto el modo en que el caminar fue articulado en las relaciones cotidianas entre niños y niñas, y cómo de manera inadvertida significaron el ser varones de los niños y el ser mujeres de las niñas.

El tercer capítulo, *"Nos robó, nos rastreó y nos choreó": sobre prestigios y respetos masculinos*, analiza algunos usos y sentidos de masculinidad vinculados a las prácticas del "robo" en la vida barrial. A través de la reconstrucción de los diferentes modos en que el "robo" fue nombrado por los niños y las niñas, veremos que esa acción en el barrio tenía como principales protagonistas a los varones en tanto "chorros". Situarnos en ese cotidiano, nos permitirá entender los dos episodios de "robo" protagonizados por los niños en la escuela y al interior del grupo, como ejemplos de prácticas, relaciones y formas de percepción masculinas. Esto dará lugar a comprender el "robo" como *capital* del que los niños se valen para establecer principios de organización en la vida grupal con formas de prestigios y respetos asociados a la masculinidad.

Los modos de armar grupos vinculados a la construcción de masculinidad son objeto de análisis en el capítulo 4 titulado *"Somos Conociendo Toma Norte": grupos y tramas masculinas*. Para ello, describo el modo en que los niños y las niñas se integraron al grupo de colaboradores con la intención de mostrar las formas de existencia previa que actuaban en el barrio. Esto permitirá comprender la participación de los niños y las niñas en diferentes grupos, para luego detenernos en las relaciones y actividades del grupo de fútbol. Finalmente, la descripción se focalizará en el análisis del libro elaborado en conjunto para comprender otra manera de existencia grupal que los distinguía, identificaba y relacionaba en el barrio. Con ello, daremos cuenta de cómo el saber moverse en grupo y establecer redes vinculares era una de las condiciones para ser niño y niña en la "toma".

En el apartado de las conclusiones retomo aquellos aspectos substanciales de los capítulos desarrollados para subrayar la tesis de que estos niños aprendían a ser varones en la medida en que se agrupaban como niños varones y armaban vínculos y redes sociales con otros grupos del barrio y la ciudad, logrando con ello establecer un modo de socialización cuya particularidad era la grupalidad como mecanismo de sobrevivencia cotidiana y estrategia para mantener o mejorar su posición social en el sistema de relaciones de clase y género. Esto me lleva a plantear algunos interrogantes que podrían enriquecer los aportes de este estudio.

Finalmente, quisiera advertir sobre el criterio de los usos de signos tipográficos utilizados en este libro. Como habrá podido notarse, a lo largo del trabajo usaré el entrecomillado para incluir al relato etnográfico las voces nativas de niños, niñas y/o adultos del lugar; y las cursivas para las citas textuales de autores, el uso de conceptos y categorías propias. La elección de fundir las voces nativas de niños y adultos responde a una premisa con la que intento subrayar que las interpretaciones de los niños y las niñas deben entenderse como parte del conjunto de diálogos con el mundo adulto (Szulc, 2006). Con ello, entiendo que quienes asumimos la ardua tarea de trabajar con niños y niñas evitamos un doble riesgo: el de subsumir sus voces y comportamientos a los de los adultos, y el de considerar esas voces y comportamientos como una expresión autónoma que autorizaría, equivocadamente, a estudiarla como una *cultura propia de los niños* (Milstein, 2009).

# Capítulo 1

# "Yo de Toma Norte". La trama barrial del texto

## Introducción

En este capítulo presento el contexto en el que se sitúa la investigación, ubicándolo espacial y temporalmente. Para ello, recupero algunos fragmentos de nuestra entrada al campo como investigadores, con la intención de mostrar cómo esa trama barrial fue construida por los propios actores y los niños y las niñas en particular. A través de esas primeras experiencias con el lugar y las perspectivas de los distintos actores, describo la interacción con el grupo de niños y niñas y, a través de ella, la interacción social en la "Toma". Conocer la zona y el barrio, nos permitirá entender mejor las relaciones que estos niños y niñas en su cotidianidad establecían con los diferentes espacios, personas, organizaciones e instituciones del lugar.

## Un ingreso colectivo a las "tomas"

La elección del lugar de trabajo de campo respondió, como ya señalé, a una decisión grupal de estudiar en la zona "oeste" de la ciudad de Neuquén. Sabíamos por el hecho de ser de la ciudad que allí se había concentrado el fenómeno habitacional denominado localmente como "tomas", el cual consiste en la ocupación de terrenos en su mayoría fiscales para el establecimiento de viviendas. En los últimos tiempos había cobrado visibilidad el alto crecimiento poblacional y predominantemente joven de la zona en comparación a otros barrios de la capital y otras localidades de la provincia.

La ciudad de Neuquén, capital homónima, habita en el este de la provincia formando parte del Departamento Confluencia del que es cabecera[10], y junto con las localidades de Plottier (provincia de Neuquén) y Cipolletti (provincia de Río Negro) constituye la zona urbana de mayor expansión

---

10  Departamento integrado por las localidades de Neuquén, Centenario, Vista Alegre, Plottier, Senillosa, Añelo, Sauzal Bonito, Cutral-Co, Plaza Huincul y Villa El Chocón. Según datos oficiales del último censo, el Departamento Confluencia cuenta con una población aproximada de 362.673 habitantes sobre un total de 550.344 habitantes en toda la provincia (INDEC, 2010).

demográfica. Cuenta con una población aproximada de 231.000 habitantes distribuidos en 49 barrios oficiales, y un crecimiento poblacional caracterizado por un importante movimiento migratorio del interior de la provincia, de provincias del norte del país y de países limítrofes –fundamentalmente Chile y Bolivia[11]. El "oeste" es la zona que reúne la mayor cantidad de barrios y aquellos densamente poblados[11], al mismo tiempo que incluye aquellas zonas extensas caracterizadas por "tomas".

Sin embargo, la única referencia geográfica que teníamos del lugar a principios del 2010 era la calle Godoy, el Hospital Heller[12] y dos escuelas primarias que yo conocía por mi hermana. Caminamos entonces por calle Godoy hasta llegar a Novella, avenida principal de doble mano en la que observamos una variedad de casas y monoblocks, mercados, almacenes, kioscos, peluquerías, servicios de fletes, talleres mecánicos y una circulación frecuente de líneas de colectivos urbanos. Por aquel entonces nos llamó la atención la cercanía de esta geografía barrial con las "bardas", especie de terrenos arcillosos y ondulados con alturas que no superan los 150 metros debido a la erosión del viento, propio de esta zona de mesetas. Al mirar hacia las "bardas" vimos desde una esquina una especie de escaleras de cemento por donde subían y bajaban personas del lugar. Desde arriba de las "escaleritas" notamos que hacia un lado había casas con características de planes de vivienda, aunque con construcciones precarias y por momentos abandonadas, mientras que, para el otro, la ocupación del espacio y las viviendas eran diferentes, pequeñas parcelas de tierra con menos marcas de urbanización planificada. Al bajar del otro lado de las escaleras fuimos entrando en calles angostas de tierra ramificadas, con muchas curvas y casas que empezaban a empobrecerse.

Algunos estudios locales (Perren, 2010; Noyá y Gerez, 2010) han señalado un crecimiento y un modelo de urbanización desigual de la ciudad capitalina, en tanto los sectores populares se vieron obligados a situarse al oeste de la ciudad y más específicamente al noroeste, donde el límite natural son las "bardas". Esta zona de "bardas", alejada del centro de la ciudad, fue por mucho tiempo un área despoblada por las condiciones del medio natural. Las marcadas pendientes del paisaje, los fuertes vientos y los estratos rocosos son muy duros para la vegetación y la estabilidad de un proceso de urbanización. Sin embargo, el crecimiento *hacia los bordes* fue

---

11 Según los últimos datos oficiales, el total de la población extranjera en la provincia es de 34.655 habitantes, de los cuales un 10% corresponde a población boliviana y un 76% a población chilena (INDEC, 2010). En la actualidad, en el oeste neuquino viven alrededor de cien mil personas, que habitan en los barrios San Lorenzo Norte y Sur, El Progreso, Gran Neuquén Norte y Sur, Gregorio Álvarez, HI.BE.PA, Huilliches, Mellipal, Villa Ceferino, Unión de Mayo, Islas Malvinas, Valentina Norte rural y urbana. Esta cantidad de habitantes representa casi la mitad de la población de la capital.

12 Se trata del segundo hospital más importante de la región debido a su equipamiento e infraestructura en su área de influencia, la zona oeste de la ciudad.

desmesurado (Perren, 2010): en la zona "oeste" alrededor de catorce fueron los barrios que comenzaron siendo "tomas", lugar donde aproximadamente reside un tercio de la población de la capital. No obstante, muchas de estas "tomas" no figuran en los mapas municipales y tampoco son considerados barrios, aunque algunas cuenten con servicio de luz, agua y/o tenencias de terreno precarias.

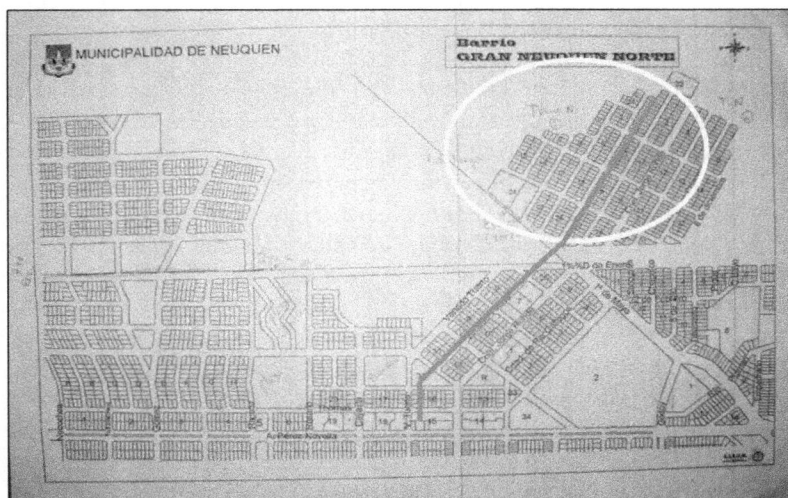

Plano con localización de barrios oficiales y zonas de la ciudad de Neuquén.
El mismo fue cedido por la Comisión Vecinal Gran Neuquén Norte.

En aquel primer recorrido por la zona, hablando con la gente del lugar fuimos conociendo el plan de vivienda Gran Neuquén Norte y las distintas "tomas" que lo rodeaban. Una mujer que caminaba con una beba en brazos nos indicó la toma "7 de mayo" y la "Toma Norte", "que ahora son barrio" aclaró. Nos contó que vivía desde el principio en la "7 de mayo" y que tenían luz, pero que siempre tenían problemas con el agua: "en este momento está yendo el camión [que lleva el agua] a cada casa", señaló la mujer. Más tarde, un vecino del lugar nos indicó que la toma "5 de abril" se había conformado hace cinco años. "La mayoría somos gente joven, hay solo dos matrimonios de gente grande. Acá ya tenemos la tenencia porque nos dieron número de manzana y de casa. Ahora tenemos un delegado y él va, pero si él no puede conseguir lo que necesitamos, vamos todos a hacer quilombo a la municipalidad, pero eso ya ahora no pasa tanto, estamos organizados", nos contó el hombre. Algunos meses después, una maestra vecina del lugar definió esta geografía barrial como "un plan con tomas" para referirse al plan de vivienda provincial y las distintas "tomas" que durante los últimos treinta años se fueron estableciendo lindantes a las "bardas".

Para el año 2008, el gobierno municipal estimó unas sesenta "tomas" emplazadas en su mayoría en la zona noroeste de la ciudad y en muchos de los casos sobre tierras de alto riesgo ya sea por el paso de tendidos de redes de gas de alta presión o de electricidad (Entrevista a Carlos Di Camillo, subsecretario de Vivienda y Tierras Fiscales del municipio, DERF Agencia Federal de Noticias, 2008). En poco tiempo, más de la décima parte de la población capitalina vivía en terrenos ocupados en respuesta a la falta de vivienda (Fundación Felipe Sapag, 2005).

Una nota del diario local *La Mañana Neuquén*, estimaba para junio de 2012 unas cuatro mil familias viviendo en "tomas". En aquel entonces eran veintidós los asentamientos con 2.600 familias instaladas en tierras municipales, más otros ochocientos grupos familiares que habían sido detectados recientemente en otros sectores y debían ingresar al circuito de regularización. En los predios provinciales estaban algunas de las "tomas" más antiguas y populosas de la ciudad como "La Familia", donde vivían alrededor de ochocientas familias, la "7 de Mayo", donde había 1.200 instaladas y el sector de Z1 llamado "Toma Esfuerzo", "Almafuerte I y II" y los "Hornitos", donde, por lo menos, había mil familias más (*La Mañana Neuquén*, 24 de junio de 2012). Un estudio reciente en diferentes localidades de la provincia, estimaba que existían para el primer semestre de 2013, unos 45 *asentamientos* en la ciudad capitalina. Aunque la cantidad de *asentamientos* es menor al número declarado por el funcionario municipal unos años antes, el mayor número seguía concentrado en la ciudad, con una cantidad de 5.990 familias aproximadas (Informe Techo Argentina. Relevamientos de asentamientos informales, 2013).

Las características que tenían las viviendas de esos terrenos ocupados nos llamaron la atención: algunas eran de cantonera con puerta y ventana de hierro, otras de ladrillo a medio terminar y de dos pisos, con aberturas que parecían nuevas. Unas cuadras más arriba, había viviendas estilo gamela o premoldeadas combinadas con paredes de ladrillos, varias de ellas con techo a dos aguas y rejas. Cada casa tenía un fondo grande con cerco de alambre, cantonera, elásticos y algunas con media sombra. Los techos en su mayoría se veían de plástico negro, chapa, cartón y aberturas muchas de ellas cubiertas con plástico. Al parecer, la gran mayoría de la gente en las "tomas" tenía lo necesario para levantar una vivienda aunque en condiciones muy precarias si se tiene en cuenta los servicios básicos de la ciudad. Dado el costo de vida en Neuquén, para la mayoría de la gente localizada en las "tomas" resultaba imposible pagar un alquiler y hacer las compras mínimas de alimentos y, además, lograr cubrir el costo de la electricidad y el gas[13]. Según datos oficiales, entre el segundo semestre de 2003 y el pri-

---

13  A partir de una iniciativa surgida en la red social Facebook, los legisladores neuquinos en febrero de 2014 analizaban la creación de una ley de alquileres para regular los precios y las condiciones de arrendamiento. En un diario muy difundido en la región, uno de los jóvenes responsables de iniciar el debate, afirmó: "Por un departamento de un

mero de 2007 la tasa de desocupación y subocupación en el aglomerado de Neuquén-Plottier fue de un promedio de 13,18%, y en el año 2009 se registró un 18% de hogares y personas en la línea de indigencia y pobreza. Al mismo tiempo, en el municipio de Neuquén para el año 2009, alrededor de 9.500 personas contaban con el Programa Jefes de Hogar creado por el Ejecutivo Nacional. A esto debe sumarse los 18.000 beneficiarios que hubo en el mismo municipio a través de los programas de asistencia social con fondos propios del municipio neuquino (Dirección Provincial de Estadística y Censos de la Provincia del Neuquén, 2010). A lo largo de los últimos años, 2.422 viviendas particulares habitadas en el departamento del que forma parte la ciudad de Neuquén, correspondían al tipo casilla fabricada con materiales de baja calidad o de desecho, según la definición utilizada por el censo nacional; y un 11 por ciento del total de la población se consideraba con necesidades básicas insatisfechas (NBI)[14]. Las manzanas a nuestro alrededor tomaban esas características y por momentos eran aún más pobres: algunas viviendas corrían riesgo de derrumbe por la ubicación irregular de las casas y el tipo de infraestructura inestable para los fuertes vientos y lluvias de la zona.

Pese a estas condiciones, la gente con la que nos cruzábamos vestía adecuadamente y gozaba de buena salud. Vimos mucha gente caminando, aunque también vimos vehículos usados de marcas como Taunus, Jeep, Falcon, Dodge; camionetas modelos viejos, motos y gente andando en bicicleta. Algunos vecinos cargaban bolsas de comida de un reconocido supermercado en la zona. La mayoría se las ingeniaba para conseguir las necesidades que no alcanzaba a cubrir, como en el caso de la mujer que caminaba a buscar un bidón de agua o la otra que días después nos dijo recibir el "plan crecer" y que con eso se "arreglaban". Otros, en cambio, ofrecían servicios de fletes, arreglos de autos, albañilería, costurería, y hasta horneado de lechones y pollos por intermedio de carteles caseros que eran exhibidos en las paredes o portones de sus casas. También los puestos en las ferias eran una manera de conseguir lo suficiente para subsistir. Solía congregarse mucha gente en la "canchita" cercana de la arboleda donde terminaban las "escaleritas" que nos llamaran la atención en nuestro recorrido anterior. Allí se vendían objetos de perfumería como hebillas, vinchas y otros adornos para el pelo, chalinas; los varones solían tirar una manta para ofrecer CD y DVD grabados; y las mujeres se destacaban en los pues-

---

dormitorio te piden 4.000 pesos, sin contar expensas, mes de depósito, mes de comisión. Los aumentos anuales son del 40%. Las inmobiliarias te piden garantes petroleros y especulan dejando casas vacías por meses esperando que venga una empresa petrolera que paga 15.000 pesos" (*Río Negro*, 25 de febrero de 2014).

14    Hogares que presentan al menos uno de los indicadores de privación referidos al hacinamiento, vivienda precaria, condiciones sanitarias, asistencia escolar y/o capacidad de subsistencia. Fuente: Dirección Provincial de Estadística y Censos de la Provincia del Neuquén, 2010.

tos de verduras y frutas. En dos oportunidades vimos a muchachos ofrecer objetos y mercadería desde un auto estacionado que al mismo tiempo que vendían escuchaban música muy fuerte.

Al decir de Perren (2010), esto se vincula con el tipo de calificación ocupacional de la gente que ocupó esos terrenos. Durante los últimos treinta años, las *áreas suburbanas* de la ciudad capitalina albergaron al grueso del trabajo manual y, en menor medida, al eslabón más débil del trabajo no manual. Dicho proceso de movilidad poblacional, había comenzado a notarse ya en los años sesenta en el contexto político y económico del partido que desde hace cincuenta años gobierna la provincia: el Movimiento Popular Neuquino[15]. Un concejal de la ciudad aseguraba en un diario local que el fenómeno de las "tomas" estaba ligado a la historia de la ciudad. En su explicación recordó el caso emblemático hace unas cinco décadas que luego dio vida a uno de los primeros planes de viviendas en el barrio Bouquet Roldán de la capital neuquina. Asimismo, afirmaba en la nota que el fenómeno se había agudizado a finales de los setenta y principios de los ochenta, sobre todo en las zonas donde actualmente se encuentran los barrios Villa Ceferino, Progreso y Cordón Colón (*Río Negro*, 20 de julio de 2003).

En esos momentos, el auge del petróleo, gas y la construcción de obras hidroeléctricas en la provincia[16] constituyó una posibilidad de puestos de trabajos para grupos de familias que estaban sufriendo las consecuencias de políticas restrictivas en el plano nacional y aquellas provincias que no otorgaban posibilidad de cubrir las necesidades básicas del trabajo, salud y vivienda (Favaro, 2002 y 2005). Las "tomas" que caminábamos no eran ajenas a este fenómeno, y al poco tiempo de conversar con la gente del lugar nos contaban de su procedencia. A este proceso también se sumó luego el movimiento de migración interna. La privatización en los años noventa de la empresa estatal Yacimientos Petrolíferos Fiscales (YPF), tuvo consecuencias sociales que a nivel local implicó el despido masivo de trabajadores que comenzaron a migrar hacia localidades cercanas, en donde la ciudad capitalina sirvió de acogida para trabajar en empleos legalmente registrados o acceder a ingresos con actividades informales como las que describíamos más arriba[17]. La situación social y económica por entonces

---

15    El MPN, así nombrado localmente, es un partido provincial fundado en 1961 con la figura de Felipe Sapag en el contexto de la proscripción del peronismo. Sus figuras políticas más representativas han sido la de Felipe Sapag y Pedro Salvatori en los inicios, y la de Jorge Sapag y Jorge Sobisch en los últimos tiempos. Durante las gestiones de los primeros fue que la zona de "bardas" comenzó a poblarse.

16    La región del Comahue aporta actualmente aproximadamente el 20% de la energía consumida en la Argentina a través de las represas hidroenergéticas de El Chocón, Cerros Colorados, Alicurá, Piedra del Águila y Pichi Picún Leufú, erigidas sobre los ríos Limay y Neuquén en el norte de la Patagonia.

17    Resulta sugerente el análisis de Miriam Abate Daga (1996) sobre los modos en que la privatización de la empresa YPF en la zona de Plaza Huincul y Cutral Có, modifica-

provocó un retroceso y degradación en el nivel de vida, en tanto la desocupación que era del 7% a comienzos de los años 1990, pasó al 17% en 1995; a lo que se agregaba la subocupación, la marginalidad y la pauperización creciente (Favaro, 2002). En ese contexto, el crecimiento poblacional fue mayor en la ciudad y se expresó con fuerza en el conglomerado de barrios que se fueron instalando cercanos a las "bardas", demandando nuevos reclamos para la solución a los problemas de una urbanización no planificada.

## De la escuela al comedor: llegando a "Toma Norte"

Buscando relacionarme con los niños y las niñas del lugar, una mañana de agosto me presenté en una clase de sexto grado de la escuela 312. Les comenté la idea de formar un grupo de niños y niñas para conocer el barrio. Esto hizo que la propuesta rápidamente se conociera en la escuela y la posibilidad de compartirla con los sextos del otro turno, algo que surgió de manera espontánea en acuerdo con las maestras. En esos encuentros los niños y las niñas se mostraron entusiasmados con la idea, hicieron preguntas y al decirles que estábamos haciendo una investigación contaron de muertes, tiros y la policía.

Con la intención de hacer un libro histórico del barrio con fotos y testimonios, le propuse a uno de los dos curos encontrarnos en algún lugar para trabajar. Entonces les pregunté de qué barrio eran, de dónde venían. Una mayoría levantó su mano diciendo, "Yo de Toma Norte". Era uno de esos barrios que habíamos recorrido con el equipo de investigadores algunos meses atrás. "Está a unas ocho o diez cuadras de la escuela, varios somos de allá", dijo uno de los varones del grupo mientras señalaba con su dedo las "bardas"; "Subimos y bajamos todos los días", expresó otro[18]. Aquello me pareció una puerta de acceso para conocer esa "toma" y el contexto de la escuela, entonces pregunté si sabían de algún lugar en el barrio en el que pudiéramos juntarnos a trabajar. "El comedor" dijeron al unísono, lugar que hasta ese momento no conocía y que ningún adulto de la escuela había referenciado en las conversaciones sobre los barrios y las "tomas".

Un mes después y tomando la idea de aquellos niños, decidimos junto con otra colega del equipo concretar lo que sería nuestro primer encuentro con ellos en el comedor. Los niños nos habían dicho que para usar el comedor teníamos que hablar con los encargados del lugar por aquel entonces. Así fue que nos contactamos con una mujer de unos cuarenta años. Le

---

ron los espacios de la escuela caracterizados femeninos y los puestos de trabajo en la empresa caracterizados masculinos, siendo durante un largo tiempo eje ordenador de la vida social y laboral.

18    Durante los horarios de entrada y salida de la escuela, una cantidad de madres, padres, niños y niñas "suben" y "bajan" para acudir a la escuela.

explicamos nuestra intención de trabajar con niños y niñas de la escuela en el barrio y sin demasiadas vueltas nos concedió un lugar. Luego de haber gestionado nuestro ingreso al comedor, le propusimos al grupo de sexto grado reunirnos en el "Comedor Toma Norte".

Contra todos nuestros pronósticos y expectativas, esos niños de la escuela no concurrieron al comedor el día acordado. La situación fue para nosotros desconcertante hasta que, pasados algunos minutos, dos niñas que no conocíamos atravesaron la puerta. Rápidamente se acercaron hacia nosotros interesadas por saber quiénes éramos y qué hacíamos en el comedor. Preguntamos sus nombres y adivinaron los nuestros, y en un clima de mucha confianza aprovechamos a contarles la idea de formar un grupo de colaboradores para conocer el barrio. Eran Violeta y Fernanda, aunque pronto se sumaron Ernesto, Yony y Alejandro. En esa conversación, Violeta pidió que fuéramos a pedir permiso a su madre para participar del grupo. Entonces todos estuvimos de acuerdo.

Caminamos dos cuadras por la calle principal "Rodhe"[19] –única con nombre sobre la que se encuentra el comedor de la "Toma Norte"– hasta una esquina en que Violeta nos indicó que debíamos doblar para dirigirnos a su casa. Luego Fernanda quiso que la acompañáramos a su casa. Subimos por la calle de tierra en dirección a la "canchita", lo más alto del barrio. Allí supimos que Fernanda, Ernesto y Yony eran hermanos. En ambos casos, la ubicación de las casas estaba determinada por el número de manzana, lote y el apellido de las familias. La construcción de las casas era variada en materiales. Las últimas casas, las que estaban al pie de la "barda", eran rudimentarias, de cantonera, casi sin aberturas. Techos de nylon y algunas paredes recubiertas por este nylon negro. Más allá de la "canchita", la parte más plana del terreno irregular, las casas se volvían más prolijas. Había muchas de ladrillo con patios bien delimitados, aunque con algunos anexos levantados con palos de madera y techo de chapa o cartón. Las puertas eran de chapa, algunas de mayor calidad que otras, las ventanas tenían rejas y los cercos estaban hechos con palos de madera o alambre tejido, y con menor frecuencia se observan algunas bases de cemento con rejas de caño. En todos los casos eran frentes que delimitan claramente la vereda del terreno. El terreno que parecía funcionar como patio solía ser dos o tres veces más grande que el espacio ocupado por la vivienda, por eso se observan anexos a la planta original levantados también con palos de madera o ladrillo que toman la estructura de una pieza o salón. El tipo de construcción de estas casas, las chapas en contraste con el cartón y nylon, las antenas de Direct TV en el techo, los árboles, el relieve de las bardas y la decoración de algunos rústicos canteros, le otorgaban al lugar algunos rasgos pintorescos.

---

19  Calle a la que el grupo escribía como "Rodhe" y otras veces como "Rode". He decidido mantener el decir de los niños y niñas para cada caso no sólo por una fidelidad al "campo", sino por una opción epistemológica que da cuenta de los usos y las transformaciones que éstos hacen a las normas o convenciones del lenguaje.

Una de las esquinas de "Toma Norte" en época otoñal. De fondo la "barda roja", muy nombrada por el grupo.

Con el tiempo, supimos por los niños y los adultos del lugar que la "Toma Norte" lindaba con la toma "7 de mayo", "5 de abril" y un poco más allá la "Cuenca XV", también limitaba con "Loteo Social" y "Alto Godoy". Aunque la "Toma" era considerado barrio por sus vecinos, formalmente formaba parte del plan de viviendas de casas y monoblocks Barrio Gran Neuquén Norte. Así aparecía referenciado en los mapas municipales.

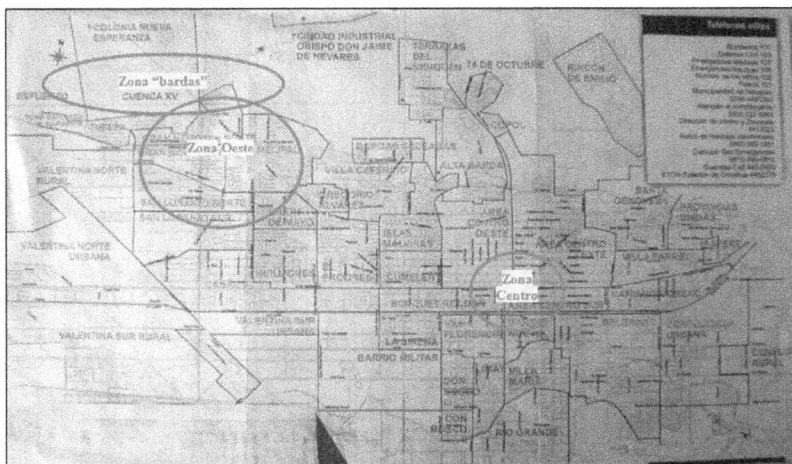

Plano municipal del barrio Gran Neuquén Norte con localización en amarillo de "Toma Norte". En rojo la calle "Rodhe". El plano fue cedido por la Comisión Vecinal.

## "Esto es Toma Norte": su historia y relaciones cotidianas

El origen del "barrio"[20] data de los primeros años de la década de 1990, coincidentemente con el acelerado proceso de urbanización y construcción en la capital. Durante esos años, el gobierno provincial construyó algunos planes de viviendas en ese sector de la ciudad, y muchos de los trabajadores de las empresas constructoras que eran traídos desde el interior neuquino y de otras provincias –principalmente del norte argentino– como de países limítrofes –fundamentalmente Chile y Bolivia– optaron por la "toma" de terrenos para radicarse en la capital. Al momento de hacer el trabajo de campo, vivían allí unas ochocientas familias, algunas pocas ligadas a empleos estatales –municipio, escuela, policía y hospital– y la mayoría ligadas al trabajo en la construcción, temporario e informal, y a subsidios estatales.

La vez que conocí a Ruth me contó que eran once hermanos, que había nacido en Zapala, sus hermanos más grandes en Piedra del Águila y Violeta y sus sobrinos más pequeños en la "toma". En el caso de Alejandro, su papá era chileno, pero sus hermanos y él habían nacido también en la "toma". Elisa y Julio, ambos vecinos venidos al barrio a principios de los noventa, recordaron cómo fue ese origen del barrio:

> "Cuando hicieron la represa de Picún [Leufú] se dijo que iban a traer gente de Jujuy. Iban colectivos y colectivos de acá, le hacían la revisación médica todo a la gente y de ahí lo traían a Picún. Un año estuve ahí y después me vine para acá, nos casamos y nos vinimos para acá. De Piedra del Águila venía mucha gente también. Mucha gente vino del norte, de Jujuy vino cualquier cantidad de gente, porque la mayoría que hemos conocido acá nos hemos conocido porque han venido a trabajar a la represa. (...) Yo soy nacida de Mina de Aguilar, departamento de Humahuaca, mi marido también" (Registro de campo, 9 de abril de 2011).

> "A nosotros nos dio [el gobernador] Don Felipe este lugar. De ahí, dos cuadras pa' bajo y dos cuadras pa' arriba, ese tramo. Y después se fue agregando gente. (...) Nosotros nos vinimos [de Chile] y nos instalamos aquí, cada uno con su casillita y (...) le dije yo ahora, a ver viejito, ahora queremos la tenencia. Allí abajo la entregaron, en el periodo de Chito Jalil[21], él entregó siete barrios, y yo trabajé para la unidad eje-

---

20  Los niños, las niñas y adultos, aunque se reconocían como habitantes de un "barrio" debido a la instalación de los servicios de luz y agua, la tenencia precaria de los terrenos y la presencia de un comedor comunitario, plazas, canchas de fútbol y negocios en las manzanas; la mayoría de las veces se referenciaban como parte de la "toma". Utilizaré ese mismo criterio para hablar del lugar, sin con ello señalar ninguna diferencia sustancial con respecto al término "barrio"/"toma".

21  Político perteneciente al MPN que fuera intendente de la ciudad durante el período 1995-1999.

*cutora. A mí no me dieron chapas, no me dieron ladrillos, no me dieron palo, no me dieron nada, yo me lo gané, yo soy albañil" (Registro de audio, 9 de abril de 2011).*

Según recuerda Iris, una vecina de la zona y maestra de la escuela N° 312, por aquellos tiempos se construyó el plan de vivienda que ocupaba gran parte del frente de "bardas" y que el gobierno provincial en un acto inaugural nombró como "el Gran Neuquén". Recordó que, en sus orígenes, esa zona era todo "barda", "no había nada".

*"Cuando el IPVU [Instituto Provincial de Vivienda y Urbanismo] larga el plan (...) ni siquiera estaba el Heller, larga sobre esta zona que la corta una gran calle que después va a ser avenida Novella (...). Cuando nosotros venimos, es más, yo mi casa no la encontraba porque estaba esta bardita de acá y veníamos subiendo por Godoy y mi papá me decía: termina hija acá, no hay más barrios acá, te han dado mal la dirección. Entonces le preguntamos a alguien y nos dijo es que se siguieron construyendo casas, suban, den la vuelta y lo van a encontrar. No había absolutamente nada para acá, era barda todo. No había una sola casa más" (Registro de campo, s/f, año 2010).*

Por ser el único plan de vivienda en la zona y por su cercanía a las "bardas", el barrio Gran Neuquén Norte desde un principio se constituyó en abastecedor de los servicios básicos de "Toma Norte" y el resto de las "tomas" contiguas. El relato de Elisa y la mamá de Pedro, otro de los varones integrantes del grupo de colaboradores, ilustraron ese modo de vida en los comienzos:

*Pedro: ¿Sos gente de acá?*

*Mamá: Sí, soy de acá. Nacida en Río Negro y criada en Neuquén.*

*Pedro: ¿Desde cuántos años hace que estás acá?*

*Mamá: Hace trece años, llegué un 29 de septiembre de 1997. [...] En el barrio no había luz, no había agua, no había gas, no había nada*

*Pedro: Nada, nada [...].*

*Mamá: El agua la teníamos que ir a buscar a Gran Neuquén [Norte]...*

*Pedro: A Gran Neuquén [...] ¿y en qué se iban?*

*Mamá: Íbamos caminando [...] con unos bidones.*

*(Entrevista de Pedro a su mamá, s/f, año 2010).*

*"Cuando yo llegue, lo único que nosotros no teníamos luz, ni agua este barrio. Entonces la luz la traian por cables así como todos, pero la sacábamos de los departamentos (...) Los vecinos de allá abajo todos han dado la luz pero, eso sí, pagaban todos los meses que llegaba la boleta y ellos lo distribuían entre la gente que estaba enganchada. El agua nos pasaban a dejar tres veces por semana. Nosotros teníamos los tachos todo afuera y nos dejaban el agua. Y para tomar teníamos que ir*

*a buscar en la canchita de acá abajo. Ahí había una canchita que tenía agua potable y ahí íbamos a buscar el agua para tomar" (Registro de campo, 9 de abril de 2011).*

Si bien muchas de las viviendas de la "Toma" poseían tanques de agua, la falta de agua era un problema común sobre todo en verano, cuando los barrios ubicados al sur generaban un mayor consumo debido al clima, el riego y el llenado de piletas. En mis caminatas con los niños y niñas, solíamos cruzarnos con jóvenes y adultos que cargaban agua en bidones. En mi primer encuentro con Beto, delegado de la comisión vecinal, ese tema ingresó en nuestra conversación:

*"El otro día vinieron los del EPAS [Ente Provincial de Agua y Saneamiento] y estuvimos hablando por el tema de las cloacas –señalando hacia arriba, donde están las tomas– que hace rato venimos con esto nosotros, no puede ser que la gente salga de su casa y lo primero que sienta es olor a mierda, vive en la mierda, eso es inhumano" (Registro de campo, 31 de mayo de 2011).*

En otra oportunidad, hablando con el presidente de la vecinal, también comentó que al no haber en las tomas un proceso de urbanización los problemas eran serios.

*"En la 7 de mayo hay calles de tierras y muy estrechas, entonces Cliba [empresa de recolectora de basura] no pasaba por la toma. Esto ocasionaba una contaminación importante, toda la basura amontonada y los chicos jugando. (...) La empresa argumentaba que el seguro no les permite pasar por calles de tierra, que sólo pasan por calles urbanizadas" (Registro de campo, 20 de agosto de 2010).*

Al ser calles de tierra y sin nombre, mis caminatas eran guiadas por la familiaridad de las casas, la iglesia, el kiosco, el comedor, la radio, el ciber[22] y, fundamentalmente, la calle "Rodhe". En relación con esto, los vecinos de "Toma Norte" al tiempo que señalaban las enormes dificultades para habitar la zona, coincidían en valorarla como la oportunidad de tener un terreno, "un hogar para la familia".

Muchos referenciaban una "toma" por "esfuerzo propio", una particularidad en los testimonios del barrio que se materializan en la configuración de sus casas. Yon y Marcos fueron más explícitos sobre el tema. Según ellos, la diferencia entre "toma" y barrio no radicaba sólo en el tipo de vivienda, "casas de materiales y otras (...) como de madera [que] a penas se están remodelando", expresó Yon. Sino fundamentalmente por lo que tienen: "cuando empiezan a hacer esas casas, comedores, iglesias, cancha de fútbol, placitas", dijo Marcos. Algo diferente a las perspectivas de los diarios que, como ya dijimos, solían asociar "toma" con bandas, tiros y robos.

---

22    Local del barrio en el que se ofrecía acceso a internet a través de unas computadoras y el cobro de una tarifa fija.

En la "Toma", los niños, niñas y vecinos accedían al comedor comunitario ubicado en el corazón del barrio, sobre la "Rodhe", frente a la única garita de colectivo del lugar. El comedor era un espacio que dependía de una Asociación Deportiva Social y Cultural. Según contaron los niños, la iniciativa fue de un muchacho de unos cuarenta años, responsable del grupo y referente en el barrio. En dos oportunidades los diarios locales retrataron que, en el año 2004, este muchacho comenzó a reunir a jóvenes en situación de riesgo a través de una liga de fútbol. "La idea era devolverles a los chicos un día por todo lo que sufren. Sacarlos de la calle para que puedan hacer algo diferente. De a poco se fue armando la asociación", explicó el dirigente (*La Mañana Neuquén*, 15/09/2011). Al año siguiente surgió la iniciativa de abrir un comedor en el barrio Independencia que luego de cinco años lo trasladaron al oeste de la ciudad, en "Toma Norte". Los relatos coincidían en señalar que para eso fue esencial la ayuda de vecinos y de los comercios del barrio que colaboraron con el comedor en forma solidaria. En el año 2011, la Asociación recibió un aporte en dinero del Ministerio de Desarrollo Social de la provincia para construir la red de gas en el comedor. A fines de 2012, el gobierno de la ciudad entregó a la organización la concesión de un kiosco y los sanitarios de dos balnearios municipales (Decreto N° 1199 con fecha 27 de noviembre de 2012). Además, el proyecto incluyó un subsidio de unos mil doscientos pesos "para colaborar con los gastos que genere la organización del evento de cierre de todas las actividades realizadas durante el presente año" (Decreto N°1275, con fecha 26 de diciembre de 2012).

El comedor era el lugar donde se daba la comida, se distribuía ropa usada, se ofrecían clases de apoyo y gimnasia, y la copa de leche. Los niños frecuentaban mucho ese lugar, por eso la confianza de ofrecerlo a los investigadores como espacio de reunión para trabajar en grupo. Al mismo tiempo, el comedor era el lugar donde se festejaban cumpleaños, casamientos, se hacían reuniones barriales. Un muchacho de unos 45 años, miembro de la liga de fútbol, era el encargado de preparar la comida junto a un grupo de mujeres para unos cincuenta "pibes del barrio". Según sus palabras, allí le daban la comida pero además les enseñaban a respetar: "Ya lo hemos hablado, que se laven las manos antes de comer, que no le falten el respeto a nadie, que no se peguen entre ellos, y cuando se portan mal y no quieren entender, no se le da la comida". Esta capacidad de organizar y llevar adelante un comedor y una liga de fútbol importante en la zona, sumada a la de gestionar "con todos los partidos y colores", convertían a estas personas en referentes importantes para los niños y las niñas con los que me vinculé.

En la "Toma" también funcionaba "la radio de Pablo", el presidente de la Comisión Vecinal de la cual dependía la "Toma". Según Pablo, se trataba de una radio comunitaria "armada con mucho esfuerzo". Por intermedio de la radio se organizaban actividades sociales como "el mes del día del niño", "el carnaval del oeste", y se transmitían programas como el de "Abracadabra", de la seño Iris. Allí pasaban los horarios de atención del Hospital Heller, y también hacían el mes de prevención sobre anticoncepción y el HIV. En general, se trataba de informar por la radio lo que la gente hacía en el barrio, "cada cosa que pasa, los vecinos se han hecho parte de la radio". La radio también era un espacio de contención "ya que en ella trabajan dieciocho pibes de distintos programas sociales", contó Pablo en una entrevista radial.

Estas actividades de ayuda social también eran llevadas a cabo por el grupo barrial también referente para los niños y las niñas con los que me vinculé: grupo "JEO" (Jóvenes Emprendedores del Oeste). En este caso, el apoyo escolar, la distribución de útiles, libros y festejos barriales solían ser las intervenciones más directas. Como grupo funcionaban en la casa de una vecina del lugar en la que se daba la copa de leche. De este espacio también participaba una "seño" que los niños y las niñas conocían de la escuela y que en la casa ayudaba con las tareas o consignas del mismo grupo. El hijo mayor de la casa repartía los útiles escolares y ubicaba a los niños y las niñas, algunos en la cocina y otros en la pieza en la que accedían a una computadora que habían conseguido y con la cual hacían los carteles, guardaban las fotos y organizaban las actividades para realizar en la semana. Las actividades más visibles del grupo en el barrio eran los festejos que organizaban en la cancha: "día del niño", "día de la madre", "la navidad", o el festejo de algún día patrio. En varias oportunidades vimos que los vecinos se juntaban allí para participar de las actividades y con mucha frecuencia los niños y las niñas con quienes nos relacionamos.

En este sentido, la "canchita" también era otro espacio de reunión para los niños y las niñas de la "toma" más allá del fútbol. Al finalizar la "Rodhe" se encontraba un terreno amplio con dos arcos y postes de cemento que cercaban una cancha de fútbol; allí transcurría parte significativa de la vida social del barrio. Los varones hacían entrenamiento, juagaban a la pelota, algunas niñas al vóley y, a menudo, los vecinos se juntaban para participar de los festejos barriales organizados por la vecinal o mayormente el grupo "JEO". Hacia el oeste de la cancha se encontraba un espacio grande también cercado con un cartel que decía "asilo"; con el tiempo los niños contaron que ese era un lugar reservado para una escuela. En la barda lindante a "la canchita" había una pequeña construcción de cemento pintada de color blanco, con antena y agentes de policías.

Los niños y niñas colaboradores también accedían a instituciones oficiales situadas en el barrio Gran Neuquén Norte. Las escuelas primarias N° 312 y N° 336, el jardín de infantes N° 42, la delegación policial y, pegado sobre la Novella, una dependencia del poder judicial y la Comisión Vecinal de la cual dependía "Toma Norte". Estas instituciones fueron puestas por el gobierno provincial y municipal en función de gestionar las necesidades que exigieron no sin dificultad los vecinos que habitaban el plan de vivienda.

# Capítulo 2

## "Sabemos caminar": masculinidades en movimiento

### Introducción

*Jorge: Primero los varones [...]*

*Yo: Che, ¿por qué primero los varones?*

*Claudio: Sí, porque nosotros somos buenos.*

*Investigador/a: ¡Qué raro que no te escuchó Ruth! Si te escucha sabés cómo te da...*

*Violeta: ¡Primero las mujeres!*

*Yo: ¡Eh! Mirá lo que dicen —dije mirando a Violeta – que las mujeres no saben pensar.*

*Violeta: Uh... ¡Caguémolo a piña!*

*Ruth: Sabemos pensar [...]*

*Investigadora: Sabemos pensar, sabemos cocinar, sabemos estudiar...*

*Ruth: Incluso más.*

*Investigadora: Sabemos [...]*

*Ruth: ¡Caminar!*

*(Registro de campo, 6 de mayo de 2011)*

Mantuvimos este diálogo con el grupo de colaboradores mientras ingresábamos a una cancha cercana al barrio. Ese día los varones nos habían invitado a mirar un partido de fútbol en el Club Maronese. Era la primera vez que junto con las niñas conocíamos el lugar y al llegar a la puerta los varones nos dijeron que debíamos pagar la entrada. Según contó Elías, "sólo los menores de 15 no pagaban". Comenzamos a buscar algún dinero en nuestros bolsillos cuando los diálogos empezaron a tocar diversos temas como la "barda roja" cercana a la cancha, la cámara de fotos, una caída de Jorge en la barda y quiénes debían pasar primero a la cancha. Luego, el diálogo de la viñeta.

El "sabemos caminar" de Ruth ponía en escena un acto en parte biográfico y personal, aunque también colectivo. En "Toma Norte", el conjunto de actividades programadas con los niños y las niñas fueron posibles en la medida en que con el grupo caminábamos el barrio. Sin embargo, destacar la importancia de "saber caminar" fue la manera que tuvo Ruth de valorizar su condición de mujer respecto a la de los varones quienes, según su visión y la de las otras niñas, solían caminar permanentemente el barrio. Un saber que en principio indicaba el aprendizaje de una técnica sobre cómo mover los pies o el ritmo de la marcha, pero que luego referenció la valoración de un atributo masculino igualado a otros saberes que decían tener las niñas –como el pensar, estudiar y cocinar– y que alteró momentáneamente la primacía que tenían los varones al moverse por el barrio, de ahí la indicación de Violeta "¡Primero las mujeres!". Así fue que decidí mirar en detalle los movimientos que con el grupo hacíamos en el barrio y más allá del barrio, para comprender esa condición de masculinidad que evidenció la experiencia compartida de trabajo de campo.

Este primer capítulo versará sobre las identificaciones masculinas vinculadas a las prácticas del caminar que adelanté al inicio del libro, para mostrar el lugar que ocupaban esas prácticas en la vida barrial del grupo de niños y niñas colaboradores y, más específicamente, de cómo a través de ellas producían nociones y sentidos de masculinidad. Para ello, me centro en la descripción de algunos recorridos realizados en conjunto por los espacios de la calle, las "bardas" y canchas de fútbol, poniendo de manifiesto el modo en que el caminar era articulado a las relaciones cotidianas que estos niños y niñas construían, y cómo de manera inadvertida significaban el ser varones de los niños.

En este sentido, los movimientos del caminar son analizados como prácticas sociales que expresan modos de pensar y de sentir, ancladas esencialmente en el modo particular que estos niños y niñas tenían de vivir la niñez en el barrio. Marcel Mauss (1979) fue quien advirtió el carácter simbólico y por lo tanto social del caminar, destacando con ello la incorporación de un *habitus* a través de la mediación práctica de una cultura o grupo social particular. Sus planteos retomados y teorizados luego por Bourdieu (1991) fueron los que establecieron definitivamente para las ciencias sociales la necesidad de pensar al cuerpo como producto social modelado por condiciones materiales y culturales de existencia en tanto se incorporan *disposiciones* más o menos permanentes, que incluyen la postura corporal, las maneras de moverse, de hablar, de oler, de mirar, de percibir, de clasificar y jerarquizar. Ambos autores advirtieron la experiencia de socialización al caminar en la medida que existe un aprendizaje corporificado de una sintonía con el medio y con otros, un estilo y un ritmo particular, una manera de mirar y vínculos muy especiales y particulares de cada lugar.

En el grupo de niños y niñas con los que compartí trabajo de campo, esas *disposiciones* y *esquemas de percepción* se evidenciaban en la práctica del "andar" y con frecuencia se ligaban con el género masculino. El "vamos" que los varones comúnmente utilizaban para acercarse y acercarnos a los lugares, era una invitación a compartir su "andar" cotidiano y al mismo tiempo conocer la existencia de una división de espacios, modos y estilos masculinos y femeninos que volvieron a resonar en aquella frase de Ruth. Como veremos en la descripción del capítulo, estos niños y niñas me mostraron que cuando caminamos también aprendemos a ser varones y mujeres, y que para darnos cuenta de esto tenemos que estar atentos a cuándo, dónde, cómo y con quiénes caminamos.

## "Andamos todo el día": formas de recorrer el barrio

En el barrio los encuentros con el grupo eran modificados sobre la marcha, mayormente las veces que los niños y las niñas se demoraban en llegar al comedor comunitario o, una vez en el lugar, sabíamos que estaban en la vereda de alguna casa, la "canchita" o algún festejo barrial. En una oportunidad, decidimos con mi compañera salir a buscarlos. Comenzamos a caminar cuando a lo lejos vimos un grupo de varones que venían a nuestro encuentro. Eran Elías, Yon, Nico, Claudio y otros tres compañeros de fútbol de los que no recuerdo sus nombres. Caminaban en hilera, uno al lado del otro, todos masticando chicles y chupetines, uno de ellos cargaba una caja de alfajores. Muy eufóricos se acercaron hacia nosotros:

*Yo: ¿Y de dónde vienen?*

*Elías: ¡¡De una fiesta!! [...] –exclamó gritando.*

*Yo: ¿Cómo no nos invitaron a la fiesta?*

*Claudio: Porque llegaron muy tarde...*

*Elías: Ni sabíamos que había fiesta nosotros.*

*Yo: ¿Y cómo se enteraron?*

*Elías: Y porque fuimos a jugar –dijo con voz gruesa.*

*Claudio: Fuimos a jugar y pintó.*

*Yon: ¡Vamos a la fiesta! –gritó al grupo.*

*(Registro de campo, 20 de agosto de 2011)*

Las conversaciones fueron simultáneas y tocaron diferentes temas, pero nuestro interés y el del grupo por saber más de las "fiestas" en el barrio hizo que nos acercáramos a otro festejo similar organizado por una iglesia evangélica. Del mismo modo que los niños se habían enterado de la fiesta andando por las canchas, nosotros supimos de los festejos del niño andando por el barrio. La frase "fuimos a jugar y pintó" indicó la espontaneidad de la actividad, y el "vamos" de Yon, la forma de participar en grupo. Y cuando nos decidimos a participar, nuestra confusión quedó descubierta. Al contarles a los niños de la fiesta en la iglesia, Elías aclaró que ellos venían de "otra" fiesta y explicó que sus hermanas eran las que estaban participando de la fiesta a la que me había referido. Para los niños, esa "otra" fiesta indicaba otras personas y otra organización: la liga de fútbol[23]. A pesar de que Elías y Yon no se mostraron muy convencidos con la idea, el grupo comenzó a caminar. Se los notaba cansados, "andamos de las diez de la mañana" dijeron los niños en referencia al partido que habían disputado y al festejo que habían participado luego. Pero, aun cansados, los varones se mostraron dispuestos a seguir caminando y participar de esas "otras" fiestas como la de la iglesia.

Aquella no fue la única vez que el "andar" del grupo por el barrio nos había conectado con celebraciones y festejos. La tarde que despedimos a Raquel, otra investigadora del equipo, tampoco encontramos al grupo en el comedor. Ese día también decidimos acercarnos a sus casas, pero a poco de haber andado escuchamos el chisteo de los niños que caminaban por la "Rodhe". Allí reconocimos a Claudio y otro niño que conocíamos de vista porque solía jugar al fútbol con los varones del grupo. "Venimos del día del niño", afirmó Claudio apretando con una de sus manos un manojo de tiras de goma espuma. En ambos casos, el argumento sobre la manera de saber de esos festejos fue el mismo: "Salimos y pintó". En cierta forma, aquello me conectaba con la manera que tenían los varones de embarcarse en las actividades barriales y la forma particular de estar entre varones vinculado al "andar".

Sin demasiada anticipación, los varones decidían qué hacer sobre la marcha, sobre todo cuando la actividad en las que estaban llegaba a su fin –el final de un partido de fútbol, por ejemplo– o cuando el interés era mayor, como lo fueron esas "fiestas del niño". Esto le permitía no sólo participar de actividades como las que acabo de describir, sino también relacionarse con diferentes actores sociales como los dirigentes y los jugadores de la liga de fútbol, los encargados del comedor comunitario, los dirigentes políticos, los responsables de iglesias, los policías y organizaciones de distinta índole. En el caso de las niñas, sus participaciones y relaciones con frecuencia eran contempladas en función de las tareas del hogar, por lo que varias veces tuvieron que negociar algún permiso para "andar" por el barrio. Una mañana la mamá de Fernanda nos dijo que no la dejaba ir porque la tenía que ayudar a "colgar la ropa". Estas tareas y otras como las de cuidar algún sobrino o hermano pequeño, lavar los pisos y acompañar a sus madres para las compras, eran actividades frecuentes en las niñas que las demoraban en llegar a los encuentros o les impedía participar de las actividades en el barrio.

Estas responsabilidades asumidas por las niñas y reforzadas por las familias, hacían que las posibilidades de moverse de un lugar a otro para participar de eventos y relacionarse con diferentes actores sociales, fueran mayores para los niños. Podríamos decir entonces, que estas conductas

---

23 Los varones conocían muy bien a los responsables de esa fiesta: su participación en el campeonato de fútbol y su interés en el comedor los conectaba diariamente con estos adultos.

funcionaban como un principio de diferenciación de género, adaptado y reproducido mediante *disposiciones* que se hacían pasar como naturales o *eternas* al ser incorporadas y programadas en el juego simbólico de las estructuras del espacio –ayudar a hacer las tareas de la casa vs "andar" en la calle– y las estructuras del tiempo –más o menos permiso de participar del grupo.

Según Bourdieu (1998), los esquemas mentales y corporales de apreciación, pensamiento y acción que estructuran el *habitus* de cualquier grupo social son, en su aspecto más primario, esquemas de género resultantes de la división sexual del trabajo y de la división social del trabajo sexual. Esto quiere decir que en las sociedades modernas la división entre sexos se presenta en estado objetivado en el mundo social y en las cosas (en la casa, por ejemplo, con todas sus partes sexuadas), y en estado incorporado, en los cuerpos y *habitus* de sus agentes. Esto presupone en nuestro trabajo que las conductas y actitudes tanto de las niñas como de los niños, eran sustentadas por una práctica en apariencia normal y natural, apropiada para sus categorías sexuales. Mientras que las niñas debían anticipar a sus madres lo que tenían ganas de hacer en el día y las actividades de las que querían participar, los niños tenían mayor permiso para involucrarse en una actividad después de otra y decidir los lugares en cuáles participar. El argumento de fondo era que el "andar callejeando" implicaba una conducta de masculinidad y no de feminidad. En las niñas, esas diferencias de género también eran establecidas en relación con ciertas diferencias etarias.

Violeta, por ejemplo, era la menor de las niñas y la que tenía mayor permiso para "andar" por el barrio y participar del grupo de colaboradores. Era la primera que solía esperarnos en la puerta del comedor y la que participaba sin ningún régimen de horario, incluso la única que estuvo en casi todos los encuentros que mantuvimos con los niños. De manera que los recortes etarios o los distintos momentos de la vida de las niñas coadyuvaban a reforzar la *esencialidad* de su género. Las responsabilidades que las niñas asumían en sus hogares ocurrían de acuerdo a la percepción que ellas y sus adultos hacían respecto del ser "más chica" o "más grande". Esta clasificación condicionaba de alguna manera los usos del tiempo de "andar callejeando" en las niñas y por lo tanto las maneras de *habitar* los espacios. En cierto modo este era un argumento válido para habilitar ciertos permisos para Violeta.

Sin embargo, aun cuando esos permisos podían sugerir alguna contradicción de *roles* al asumir Violeta comportamientos asociados con la masculinidad como el "callejear", su persona estaba sujeta a una evaluación en términos de conceptos normativos de actitudes y actividades apropiadas a su categoría sexual de niña y debía probar entonces que era un ser *esencialmente* femenino (West y Zimmerman, 1999). Por lo tanto, siguiendo estos mismos planteos teóricos, el ser un *niño* o una *niña* en "Toma Norte" no era sólo asumir roles, sino fundamentalmente ser competentemente femenino o masculino, es decir, aprender a producir demostraciones de comportamiento identificados con la feminidad o masculinidad *esencial*. En los apartados que siguen me ocuparé en analizar esas demostraciones realizadas por los niños a través de la interacción como parte de la socialización del género masculino.

## Género al "andar": saberes masculinos y femeninos en relación

Los movimientos de un lugar a otro fueron permanentes en los niños, así recorrimos los espacios de la calle, la "barda" y canchas de fútbol, y al mismo tiempo nos relacionarnos con actividades y referentes barriales. Estos niños tenían un conocimiento detallado sobre las formas de ocupar esos espacios y las relaciones sociales que lo constituían. "Andamos siempre por acá" y "sabemos el camino de memoria, somos re capos", solían decir los niños a medida que atravesábamos los lugares. Tanto lo recorrían que sabían, por ejemplo, del lugar apropiado para hacer un descanso, dónde conseguir un kiosco o mercado y también anticiparnos en detalle lo que podíamos encontrar al caminar: "bocha de gente", "casas más grandes", "canchas más feas", "un montón de árboles", así como las casas de familiares y conocidos. En esos recorridos las niñas acompañaban el "andar" del grupo, hacían comentarios y conversaban entre ellas, con los niños y los/as investigadores/as, sin embargo, muy pocas veces fueron las que propusieron u orientaron recorridos. Frente al caminar de los niños que solía ser disperso y apurado, las niñas tenían un andar más pausado, un ritmo que podía seguir y que solíamos compartir tomados del brazo. Sin embargo, aquello no era una limitación para que también las niñas ocuparan esos espacios públicos.

Una mañana estando en una cancha cercana al barrio, mientras los varones se ponían las camisetas y yo buscaba un lugar para sentarme, Ruth me avisó que se volvía a su casa. Aquello me había preocupado porque minutos antes tanto Ruth como su hermana dijeron no conocer la cancha en la que estábamos y tampoco el camino que habíamos realizado para llegar. Entonces le pregunté desconcertado cómo iba a hacer si no sabía el camino, pero su respuesta fue categórica: "yo me acuerdo". Acordarse el camino fue la manera que tuvo Ruth de reafirmar un desconocimiento del recorrido y al mismo tiempo un reconocimiento de las formas que tenía de moverse en el barrio. Como la mayoría de las personas del lugar, el caminar era una práctica diaria en la vida de Ruth y las niñas. Para juntarse en alguna casa, acudir al comedor, las clases de apoyo, participar de las "fiestas" y asistir a la escuela, las niñas debían caminar por el barrio y atravesar algunos lugares próximos al mismo. La particularidad de esos recorridos era que incluían con frecuencia actividades y lugares específicos como la cena y la "escuelita" en el comedor, la casa de Fernanda o la casa del grupo "J.E.O" y los festejos barriales en la cancha. Es decir que las niñas tenían un modo de "callejear" que les permitía conocer de otra manera los espacios del barrio.

El día que trabajábamos en el comedor acerca de cómo realizar entrevistas, los niños y las niñas muy ansiosos decidieron continuar la actividad en la "barda" cercana a la "canchita". Según sus relatos, había allí "una garita donde hace guardia un policía" al que podían entrevistar. Al llegar arriba nos encontramos con una casa cuadrada con una especie de torre con ventana, cercada con alambre. Elías y otros varones fueron los que iniciaron la entrevista:

> Elías: *¿Hay mucha vagancia? –preguntó mientras ladraba un perro del otro lado del alambrado.*
>
> Policía: *Mucha vagancia, mucha gente mala, viene a tirar piedras, a molestar acá a los guardias [...].*
>
> Yo: *¿Y usted está solo acá o acompañado?*
>
> Policía: *Somos tres acá [...].*
>
> Pedro: *Por lo que me cuentan, uno de los de seguridad tiene un arma.*
>
> Policía: *No, acá no –contestó susurrando.*
>
> *(Registro de campo, 30 de noviembre de 2010).*

Los niños sabían que allí los policías tenían armas y que el "control" desde arriba implicaba otros métodos además de la mirada, por eso la pregunta de Pedro sobre el arma.

Los varones conocían la "garita" y sabían lo que pasaba arriba, habían estado muchas veces allí. Pero la vez que más referenciaron el lugar de la "garita" fue cuando hablaron de una "guerrilla". Muchos meses después de aquella caminata, reunidos en el comedor comentando los planos del grupo, los varones se refirieron a ello:

> Marcos: *Los chicos de acá del barrio [...] querían agarrar un terreno arriba de la barda. Todos agarraron terrenos [...] y fue la policía y se los sacó. Les tiró todas las cosas abajo del suelo y después se llevaron todas las chapas [...] Después se agarraron, vinieron los policías y los chabones no se querían ir y... entonces tuvo que haber como una guerrilla.*
>
> Yo: *¿Qué es una guerrilla?*
>
> Marcos: *Tipo una guerra [...] o sea, pibes contra policías. Y se agarraron los pibes con piedrazos y los policías con bala de goma [...] no pararon...*
>
> *(Registro de campo, 6 de agosto de 2011).*

Cuando Marcos y Yon relataron el suceso, Violeta y Ruth dijeron no saber y Fernanda no conocer en detalle. Las niñas escuchaban en silencio como nosotros los adultos, y en determinado momento Fernanda fue la única que atinó a decir que le habían contado sobre "el quilombo de ahí arriba". El adverbio "ahí" de Fernanda establecía una relación de distancia con el lugar prolongable para el resto de las niñas, algo que en el relato de los varones no aparecía. De hecho, en la entrevista con el policía, Ruth no se animó a preguntar lo que había anotado en su cuaderno. Cuando mi compañera insistió en que lo hiciera, Ruth salió corriendo detrás de Violeta y Fernanda que estaban mirando el barrio desde arriba de la barda.

En el caso de los niños, el movimiento permanente por el barrio los hacía percibir su entorno de manera detallada y convertir las historias colectivas del lugar en pensamientos autónomos. Aquel suceso con la policía reactualizaba historias de vecinos, familiares y amigos y, en el caso de algunos varones, historias vividas. En esa invitación de movernos en grupo, los niños ensamblaron experiencias, conocimientos y sentidos de lugar. Y aunque la particularidad de los varones estaba en saber orientar por dónde y cómo caminar –a la "garita" y trepando la barda– las niñas desplegaban otras formas de desplazarse.

Siguiendo a Bourdieu (1998), el género se inscribía objetivamente en estos niños en las llamadas estructuras sociales –en el espacio de la "toma" por ejemplo– pero también por medio de la socialización de un *habitus* compartido y reproducido social y generacionalmente[24]. Así, las prácticas del caminar de los niños y las niñas reflejaban una lógica de género que agrupaba ciertas cualidades y valores sobre lo femenino y lo masculino en el barrio. Y si bien es cierto que, según el autor, esta lógica inscripta en los modos corporales no suele ser objetivada en los discursos; debemos considerar que existen algunas prácticas sociales que posibilitan una mayor objetivación de los esquemas de género que les subyacen.

En la "barda", mientras los varones solían correr, caminar, tirar algunas piedras y amontonarse contra el alambrado para conversar con el policía, las niñas se acercaban a mirar el barrio desde arriba. En ese mirar, Fernanda señaló "la parte de mayor pobreza" refiriéndose a un conjunto de casillas de madera y nylon negro construidas al pie de la barda. Esa indicación de Fernanda establecía miradas y saberes diferentes ligados a vínculos familiares. Así como los varones sabían de lugares, historias y personas, las niñas sabían de miradas. Allí donde los adultos y los niños veíamos parecidos de colores y construcciones, Fernanda señaló diferencias de casas y grupos sociales: los pobres y los "más pobres". En este sector de casillas

---

24  Para Bourdieu (1998) los esquemas mentales y corporales de apreciación, pensamiento y acción que estructuran el *habitus* de cualquier grupo social son, en su aspecto más primario, esquemas de género resultantes de la división sexual del trabajo y de la división social del trabajo sexual. *La división entre los sexos parece estar "en el orden de las cosas", como se dice a veces para referirse a lo que es normal y natural, hasta el punto de ser inevitable: se presenta a un tiempo, en su estado objetivo, tanto en las cosas (en la casa por ejemplo, con todas sus partes "sexuadas"), como en el mundo social y, en estado incorporado, en los cuerpos y hábitos de sus agentes, que funcionan como sistemas de esquemas de percepciones, tanto de pensamiento como de acción* (Bourdieu, 1998: 21).

construidas en la pendiente más arcillosa de la barda había un sendero que comunicaba las casas, todas muy prolijas, con huerta en los patios y algunas gallinas sueltas por las casas. Y al mirar en detalle, la vista de las niñas agudizaba sentidos y relaciones. Al descender por allí, Ruth muy decidida golpeó las manos en el frente de una casilla de madera para entrevistar a una abuelita.

En tal caso, estos relatos reflejan las *tácticas* de apropiación realizada por los niños sobre espacios que no les pertenecían exclusivamente. De Certeau (2007: 116) al pensar en las *artes del hacer* con que las clases populares inventan lo cotidiano, advirtió que la acción del caminar producía temporalmente una apropiación del espacio y una distinción en las relaciones entre posiciones diferenciadas. *Andar es no tener un lugar*, afirma el autor y agrega: *se trata del proceso indefinido de estar ausente y en pos de algo propio. El vagabundeo que multiplica y reúne la ciudad hace de ella una inmensa experiencia social de la privación del lugar.* En esas prácticas del "andar", los niños construían y transformaban en otra cosa cada significante espacial de "la Toma" en intersección y disputa con las niñas y otros varones que también caminaban el barrio y producían significantes. Lo hacían al saber cómo trepar, al significar como "guerrilla" un enfrentamiento entre policía y vecinos por la "toma" de terrenos, al mirar desde la altura y saber en qué lugares preguntar. Elegir qué camino transitar, qué relato contar, cómo mirar y dónde preguntar era una manera de mostrar los saberes que tenían estos niños y niñas por el hecho de ser varón y de ser mujer.

## Virtudes y distinciones masculinas: lo que hace "andar"

He mostrado hasta aquí, que el caminar con otros –pares y adultos– era para estos niños un *hacer* rutinario que le permitía transitar las historias de un lugar, establecer contactos más allá del grupo y construir un saber eminentemente masculino. Mostraré ahora la manera en que el conjunto de esas situaciones sociales proporcionaba escenarios posibles para exhibirse como varones y, al mismo tiempo, aprender a serlo.

Una mañana, luego de haber andado por arriba de una de las "bardas", los varones decidieron descender por un camino alternativo. Así fue que caminamos por un sendero de tierra que conectaba con muchas de esas casillas de madera a las que Fernanda se había referido, y con perros que ladraban muy enfurecidos.

*Yo: Mi compañera le tiene miedo a los perros –grité.*

*Investigador/a: Elías recién me mostró –hace el gesto como de tomar una piedra– y estos dos perros se fueron. Pero estos eran muchos, yo no me animo, ¿ustedes cómo hacen?*

*Yon: Pasas con un perro y le tienen miedo [...].*

*Investigador/a: Bueno…ustedes…¿han pasado por acá?*

*Yon: Sí. No muerden los perros.*

*Investigador/a: Bueno, vamos..*

*Yony emprendió la avanzada. Elías también pero esperaba nuestros pasos lentos. Yon decidió esperar a dos colegas y a Ruth que venían un poco más atrás.*

*Yo: Esperemos que vamos juntos –había empezado a preocuparme […]*

*Nuevamente los perros empezaron a ladrar […]*

*Investigador/a: Yony, vayan ustedes que conocen un poco… Otra vez los ladridos hacia nosotros, pero cada vez eran más fuertes.*

*Yo: -¡Esperen! ¡esperen!*

*(Registro de campo, 4 de junio de 2011).*

Continuamos caminando y más adelante otra vez estuvimos rodeados de perros. Los ladridos nos asustaban cada vez más y hacían de nuestro caminar un paso muy lento, con temor a que nos muerdan. "Mírelo a los ojos –dijo Elías fijando su cabeza– y eso significa guerra para los perros". Los perros no dejaban de ladrar y mi compañera otra vez temblaba. Decidimos acercarnos al caminar de una mujer de unos cincuenta años que salía de su casa de la mano de una niña:

*Yo: Estamos rodeados acá, vamos todos juntos –dije en tono de broma–, a ella la deben conocer.*

*Señora: Sí.*

*Elías: ¿Le tiro esto? –mostrando una madera.*

*Ruido de pies.*

*Señora: Piedra hay que agarrar. Cuando se acercan los perros les tiras las piedras y listo. Yo hago así. Te desconocen los perros […].*

*(Registro de campo, 4 de junio de 2011).*

Esos movimientos de cabeza y formas de poner las manos no sólo hicieron pensar que los niños estaban dispuestos a cruzarnos caminando y protegernos, además mostraban la manera que tenían de aprender su género. El gesto agarrar una piedra y luego simular tenerla fue clave para visibilizar el manejo de los niños de los elementos del contexto, así como para transmitir un saber que tanto para las niñas como para los adultos investigadores significó aprender a caminar con perros. En esa invitación de movernos en grupo, los niños demostraban conocimiento, autonomía, valentía y coraje. Por eso los movimientos y desplazamientos eran deseados y valorados por los niños, pues se trataba de formas de *habitar* espacios y al mismo tiempo de exhibir su masculinidad. Estos niños se identificaban como masculinos al compartir formas de ser y de hacer respecto al *ethos* del "andar". Aquello compartido por el grupo de varones y el grupo de colaboradores era distintivo y a su vez generaba fuertes sentimientos de pertenencia en la medida que era exhibido y transmitido.

En ese aprender a caminar con perros, la posesión del capital remitió a experiencias que iban acompañadas de formas corporales, gestos, miradas respecto a la "protección". Este es un rasgo que, según el antropólogo David Gilmore (1994: 217), en la mayoría de las sociedades prevalece como uno de los tres requerimientos socioculturales de los hombres: *preñar a la mujer, proteger a los que dependen de él y mantener a los familiares.* Según sus planteos, se trata de una masculinidad hegemónica que requiere, como contraparte, de la feminidad subrayada: por su fragilidad, la mujer requiere de protección hacia un "afuera" amenazante. Este último aspecto representaba un ideal masculino entre los niños y las niñas, incluso entre los adultos. En el caso de Fernanda, por ejemplo, la presencia de Ernesto, su hermano mayor, otorgaba cierta "seguridad" a sus padres para andar en la calle y con el grupo. Desde el primer momento la mamá fue categórica con su permiso: "Bueno, [Fernanda] va a ir, pero después que me ayude y cuando venga su hermano el Ernesto para que la acompañe". Con Violeta y Ruth esa "protección" era algo distinto. Si bien estas niñas gozaban de cierta autonomía de la presencia de su hermano Elías, cada tanto ambas reclamaban a mí y a sus compañeros la presencia varonil al "andar por ahí". En varias oportunidades Ruth se refirió al "cuidado" que debía tener Ernesto para con ella: "él me tiene que cuidar bien", "no me tiene que pelear". Los adultos también solían hacernos bromas con respecto del peligro de las niñas. El papá de Fernanda, por ejemplo, en cierta ocasión dijo sonriendo: "va ir, no se la van a llevar". Estas expresiones aún en la broma evidenciaban el peligro de las niñas en el barrio por su condición de mujer y la virtud de los niños por su condición de varón y su capacidad de "cuidar" y "proteger" por "andar callejeando".

Al mismo tiempo, esta "protección" que las niñas recibían y a veces demandaban, tenía como contrapartida el "cuidado" que las niñas ofrecían. Por ejemplo, cuando cuidaban de sus hermanos o sobrinos más pequeños en la casa o la calle. En las fiestas de las que participábamos como grupo, Ruth se encargaba de llevar a sus hermanos pequeños. "Son mis hijos", solía decir Ruth en tono de broma. Una broma que nuevamente exhibía las tramas vinculares de las que formaban parte estas niñas, en este caso los vínculos familiares. Ruth no establecía una diferencia clara entre la relación de hermana mayor o tía, la responsabilidad y el "cuidado" era el mismo. Ese día de juegos, música y tortas, Ruth cuidaba de subir al pequeño al pelotero porque decía que "los chicos grandes" podían golpearlo. Además de alzarlo, lo paseaba del brazo y cada tanto limpiaba su nariz. De este modo, vemos cómo las normas y prácticas que regían el espacio y el tiempo de la vida doméstica de los hogares de estas niñas y lo que ocurría en los barrios estaban estrechamente relacionados (Christensen y O'Brien, 2003).

En consecuencia, esos "cuidados" nunca fueron transmitidos tan visiblemente para con otros que no fueran de su grupo familiar. De alguna manera, esos "cuidados" ejercidos por las niñas seguían conservando su clasificación como mujer. Esos comportamientos seguían la lógica de lo que Barrie Thorne (1993: 63-68, mi traducción) llamó *trabajo de frontera* para referirse a aquella *interacción que pretende superar los límites de género, pero que permanece anclada en ellos e incluso llega a reforzarlos*. Al igual que los juegos de persecución y toqueteo analizados por la autora en los patios de escuela, esos juegos de "protección" y "cuidado" que los niños y las niñas desplegaban en la calle conservaba la asimetría de las relaciones de género. Eran los varones los que controlaban esa forma específica de "protección" por su permanente "andar", y eran las mujeres las que "cuidaban" de los menores por su sentido de hogar. Esos movimientos colocaban a los niños en una posición más elevada que las niñas al autodefinirse "capos" o "genios", y al ser reconocidos así por las propias niñas que demandaban sentirse "protegidas/cuidadas" y por los/as adultos/as al reclamar la presencia varonil. Cuanto más hábil era la capacidad del niño para "andar" por el barrio, mayor era su virilidad. Todos estos niños, en algún momento, debían experimentar aquel acto distintivo y diferenciador para distinguir las cualidades masculinas que ponderaban el coraje, la habilidad y el prestigio. Precisamente esta distinción fue lo que les permitió a los niños transitar aspectos relacionados con la muerte y el sexo, temas que en principio no asociamos con la infancia y que sin embargo estos niños construyeron y significaron sin tabúes.

Una mañana de octubre, luego de haber trabajado en el comedor, propusimos al grupo devolver la llave del lugar y hacer una caminata por el lugar. Al doblar en una de las esquinas, vimos a Fernanda muy entusiasmada tomando fotos a una lápida enterrada en un montículo de tierra. Yon se acercó hacia nosotros y contó que en ese lugar había muerto una nenita de cinco años. Se habían quemado dos casillas por unos cigarrillos prendidos y los bomberos habían llegado tarde. Mientras Fernanda se acomodaba para tomar la foto, Yon insistía que le sacara. Nuestro silencio acompañaba la escena. Para estos niños y niñas era importante fotografiar aquella lápida. Con la foto y el relato, todos nos volvimos testigos de la muerte de sus vecinos y las condiciones en que vivían. Sin embargo, ese estar ahí nos conectaba con una denuncia vivencial: "vio que nosotros le decíamos que los bomberos llegaban siempre tarde", dijo Yon.

En la situación del colectivo con la que inicié el libro, los niños tampoco se incomodaron para hablar de sexo. Al contrario, fueron los que describieron la escena y le pusieron nombre: "¡Pete, pete!", "¡Le está haciendo un pete!". Rápidamente supieron de qué se trataba y así lo nombraron. Y a pesar de que todos continuamos la marcha, fueron los niños los que no dejaron de mirar lo que pasaba en el colectivo. "Qué atrevido", dijo Elías refiriéndose al hombre, y Nicolás agregó: "Re atrevida la mujer". Este intercambio de palabras hizo que Elías les dijera también a sus compañeros que no sean "atrevidos" al describir la escena. Al contrario de lo que se supone de las poblaciones residentes en contextos de pobreza urbana, para estos niños la sexualidad no se reducía a tener relaciones sexuales, sino que refería valoraciones que expresaban lo deseable o meritorio de "lo masculino". El "atrevidos" de Elías advirtió alguna pérdida de respeto en el hecho, y el "re atrevida" de Nico, un doble calificativo para la mujer: es "atrevida" y más "atrevida" que el hombre por lo que hacía con su boca y manos. Sin embargo, la escena presentó al mismo tiempo una "atrevida" forma de ser y de estar de los varones al presenciar y comentar acciones que podían comportar riesgo de ser reprochados por su condición de niño. Ni siquiera la mirada del hombre del colectivo y mi presencia adulta los inhibió como para que dejaran de mirar y de hablar, precisamente porque los niños estaban actuando su masculinidad, más específicamente, el valor con el que esperan que actúen los varones en relación con temas de sexualidad.

Como señala Eduardo Archetti (2003), las identidades de las personas están inseparablemente ligadas a la producción de agentes morales a través de los sentimientos, el deseo y la imaginación. Con ello, el autor se aparta de una definición racional suficiente para explicar el compromiso moral. Por eso, retomando a Durkheim, considera que las acciones morales no se limitan a la obligación y la razón como pensaba Kant, sino que involucra también el deseo y el carácter emotivo de la compasión, el fervor y sentido de compromiso. Esto implica reconocerles a los agentes la capacidad de elegir entre razonamientos morales, introduciendo así las variaciones y contradicciones dentro del campo de la moralidad.

El conjunto de intercambios de discursos y prácticas en relación con la escena del "pete", aludía a una dimensión relacionada al sexo más allá de cualquier definición biológica (basada en la diferencia entre tener pene o tener vagina) y de su sentido exclusivamente vinculado al coito (Molina, 2013). Aludía a un saber que definía un modo de identificarse masculinos. Esa forma que tuvieron los niños de comportarse, no fue sólo el resultado de lo que los varones enunciaron, sino también de lo que era deseable o valía la pena *hacer*. El comentario final de los chicos fue tal vez más expresivo: "siempre le están haciendo un pete al chofer". Con este comentario todos los varones que allí caminábamos asumimos saber y conocer del tema, al mismo tiempo que exhibíamos un aprendizaje sobre cómo estar *entre* varones y sobre cómo comportarse como varones en la calle.

## Una vuelta más: el caminar como movimiento colectivo

Caminar y recorrer el barrio eran modos de movernos en grupo y vivir la "toma". Movimientos que en el caso de estos niños y niñas habían sido aprendidos, incorporados y naturalizados mediante un proceso de socialización desde su vida más temprana en el barrio. Según Bourdieu (1998), el *habitus* de disposiciones constituye una estructura que integra todas las *experiencias pasadas* y funciona en cada momento como una *matriz de percepciones, de apreciaciones y de acciones*. De este modo, hablar de *habitus* implica tener en cuenta la historicidad de los agentes. Las prácticas que engendra el *habitus* están comandadas por las condiciones pasadas de su propio generador (s/n). Esto explica por qué los miembros de una misma clase actúan con frecuencia de manera semejante sin tener la necesidad de ponerse de acuerdo. Algo de esto pude entender el día en que los varones nos invitaron a mirar un partido de fútbol al club Maronese.

Ruth y Violeta estuvieron de acuerdo y, tomadas del brazo, fueron las que iniciaron el recorrido. Y en ese caminar decidimos conocer la "toma nueva" muy cercana al barrio. Luego de atravesar una cancha a la que referenciaron como el lugar en el que entrenaban y donde se hacía la feria de verduras, llegamos a una de las bardas en la que Jorge indicó que estábamos por llegar a la "toma nueva". Desde arriba vimos muchas casillas de madera y nylon, parecidas a las casas ubicadas cercanas a la barda de Toma Norte, definidas por Fernanda como el lugar de "mayor pobreza". Estando allí arriba Jorge comentó su relación con esa toma:

> *Elías: ¿Cuál es la de tu primo, la de tu hermano? –mirando a Jorge.*
>
> *Jorge: No, porque la vendió dijo a cien pesos.*
>
> *Yo: ¿Ya la vendió?*
>
> *Jorge: No, todavía no se la vende mi tío porque es pobre.*
>
> *Yo: Che y no estará tu tío para ir a...*
>
> *Jorge: No, porque vive en... no sé.*
>
> *Yo: Pero ¿con quién la deja, con quién la cuida?*
>
> *Jorge: Sí, los ratis [...]*
>
> *Elías: Los ratis, los milicos, la gorra, los cobardes.*
>
> *(Registro de campo, 30 de mayo de 2011).*

Este diálogo hizo que le propusiera al grupo bajar y acercarnos a la toma. Quería conocer a la gente del lugar y los niños y niñas estuvieron de acuerdo. Mientras nos acercábamos, sugerí presentarnos, entonces Elías ensayó su presentación: "bueno, nosotros somos del grupo conociendo Toma Norte y estamos conociendo la toma esta". Las palabras de Elías fueron las que motivaron al grupo a salir andando a paso rápido. Una vez allí, decidimos acercarnos a una de las casas en la que estaban trabajando. Tres hombres colocaban los tirantes en el techo de una estructura de madera que por su color blanco parecía nueva. Golpeamos las manos y una muchacha con un niño de unos tres años salió a recibirnos, atrás venía su perro. La joven contó que la toma llevaba un mes y que habían tenido problemas con la policía porque le habían dicho que hiciera una casilla más precaria, de nylon y madera. Por ese motivo había desarmado una parte de su casa que en principio era a dos aguas:

> *Mujer: -Pero viste cómo es la policía, hoy en sí hicieron terrible quilombo porque supuestamente era muy grande [...] tenía hasta el dormitorio y nos hicieron desarmar, nos dijeron que no se podía.*
>
> *Investigador/a: Pero todo el terrenito ese ¿no es el de ustedes? –indicó con el dedo índice.*
>
> *Mujer: Sí.*
>
> *Elías: ¿Y por qué no los dejan hacer una casa?*
>
> *Mujer: Y porque supuestamente dicen que todavía está el tema del juez, la orden judicial, a ver qué va a pasar, si nos quedamos o nos vamos [...]. Yo desde que está la toma, ya va a ser un mes y monedita que estamos acá durmiendo en carpa con la nena, las heladas nos han agarrado [...], hacemos fuego afuera...*
>
> *(Registro de campo, 30 de mayo de 2011).*

La pregunta de Elías a la joven no fue ingenua. Su perplejidad no estuvo en las dificultades de "tomar" el terreno, sino en la afirmación de la joven de que ese terreno les pertenecía y que, a pesar de ello, no podían armar su casa. Posiblemente la pregunta de Elías tuvo cierta naturalidad respecto de la apropiación que estos niños hacen del territorio.

Referir que ese era el terreno "ocupado" significaba para estos niños y niñas una elección de cómo estar y qué hacer en aquellos espacios que le son propios. Con ellos pude entender muy claramente la noción de territorio que alude no sólo al espacio geográfico sino a cómo ese espacio es apropiado, trazado, recorrido, delimitado, habitado, humanizado e identificado (Segato, 2007).

Desde esta perspectiva, el territorio se constituyó en representación que los representaba: "nunca algo puramente referenciado por las descripciones que de él hacemos, objetivamente, en nuestro enunciado, sino también, inevitablemente, un índice que delata dónde estoy, quién soy, a qué 'nosotros' pertenezco, dónde me localizo, como significante encadenado a él, en una sintaxis singular" (Segato, 2007: 73-74). Ya finalizando aquella conversación con la joven, nos contó que los que habían tomado el terreno eran hijos de vecinos, hijos que ya tienen su familia que no podían seguir viviendo con los padres. Una versión distinta a la que por esos días escuchamos en los noticieros y programas radiales de la zona.

> *"Yo vivía con mi mamá, un día escuché de la toma y me vine. Este espacio es del gobierno, supuestamente era verde, lo mismo que la barda y la plaza que tiran mugre, espacios verdes acá no hay. Ahora se acuerdan que hay espacios verdes cuando la gente toma. La misma gente limpió y emparejó este espacio", dijo la muchacha (Registro de campo, 30 de mayo de 2011).*

El relato de esta joven, de alguna manera, venía a poner en palabras lo que nosotros con los niños y niñas hacíamos en acto: movernos, desplazarnos, ocupar espacios, eran prácticas que estos niños y niñas sugerían en cada encuentro. No como una cotidianidad que los atravesaba, sino como una realidad en la que participan muy activamente. Cuando Bourdieu (1997) afirma que el *habitus* es lo que permite que los individuos se orienten en el espacio social propio y que adopten prácticas acordes con su pertenencia social, hace posible pensar la idea de que los individuos elaboran estrategias anticipatorias guiadas por esquemas de percepción, pensamiento y acción que son el resultado de un trabajo de socialización. Y si bien es cierto que no toda la vida social se camina, analizar los movimientos de los niños y las niñas en el contexto del barrio, resultó subjetivo para comprender el modo de vivir colectivamente la "Toma" y, a través de ella, la manera de aprender a ser varón.

\*\*\*

El "vamos" de los niños y el "sabemos caminar" de Ruth fueron los hechos que dieron sentido a este capítulo. Esos hechos, realizados por los niños en el barrio en situaciones diversas, relacionaban movimiento-espacio-masculinidad. Relación que parece tener eje en la legitimidad que tiene en un espacio determinado el caminar. El énfasis en el caminar y en los espacios que recorrían nuestro andar, posibilitó un análisis sobre las masculinidades en las cuales las diferentes maneras de clasificar hombres y mujeres, las relaciones entre sí –ubicando dichas clasificaciones en ese contexto en particular–, permite el surgimiento de una manera innovadora de observar los "circuitos" masculinos desde la perspectiva de los niños.

En este sentido, el caminar cotidiano de los varones, enlazado a modos, estilos y conocimientos que pueden parecer habituales, sin importancia o inmorales, es mucho más que eso. A lo largo del texto, he mostrado cómo el caminar puede ser una actividad mediante la cual las masculinidades pueden ser elaboradas y reelaboradas por los sujetos, en este caso los niños. La cualidad del caminar descripta por Lee y Ingold (2006) consiste en que la repetición frecuente por el mismo camino puede llevar al caminante a notar pequeños cambios en el espacio y construir una narrativa continua de lugar a través de estas experiencias. En este caso, esas narrativas son sobre las masculinidades y las experiencias con grupos de niños y niñas. Las jornadas destinadas al recorrer el barrio planteadas por este grupo de colaboradores, predispusieron un marco distinto en donde poder observar los criterios de masculinidad: en el trepar y bajar una barda, conocer la historia específica de un lugar, al caminar con perros, andar en grupo, participar de las fiestas barriales y el saber moverse entre los lugares cuando se tiene prisa para un festejo barrial o un partido de fútbol. De este modo, las masculinidades pueden ser canalizadas a través de, e incluso convertirse en el movimiento del caminar.

Los puntos que presento aquí nos brindan de manera general algunos indicios de ese denso mundo de experiencias infantiles que cruza, con distintas particularidades, los análisis del caminar y el género, identificaciones y masculinidades, como así también las vivencias personales en los espacios barriales. Observar estas prácticas en el barrio brinda valiosos aportes para comprender los sentidos que entraña el movimiento para estos niños y niñas y cómo ello se expresa en su experiencia cotidiana. En las relaciones entre pares, las posibilidades de ser reconocido como varón están asociadas al recorrer muchos lugares y conocer muchas historias a la vez, proteger a los otros en el andar y saber qué decir y qué hacer en temas vinculados con el robo, la muerte y el sexo. Estos niños sabían explorar, pero no ingenuamente desde el prototipo de niño que explora lo desconocido. El caminar no era para estos niños un *hacer* ingenuo, sino un *hacer* que le permitía transitar la historia de un lugar, el vínculo con la muerte, una escena de sexo, y los perros de la calle. El caminar entonces era una práctica que en los varones acompañaba y sustentaba saberes vinculados a procesos de identificación de la masculinidad.

# Capítulo 3

## "Nos robó, nos rastreó y nos choreó": sobre prestigios y respetos masculinos

### Introducción

*Yon: Nos juntamos un día solo y empezamos a preparar el libro –dijo mientras lo mostraba [...].*

*Elías: Éste, éste es chorro –indicó señalando una foto en la que aparecía Alejandro.*

*Yon: Éste es chorro –repite nuevamente.*

*Elías: Éste nos re rastreó.*

*Investigador/a: Es más, ¿también se acuerdan que empezamos a cortar las cosas?*

*Elías: Sí, pero él nos rastreó.*

*Investigador/a: ¿Eh? –preguntó distraída [...]*

*Yon: ¡Nos robó marcadores!*

*(Registro de campo, 2 de abril de 2011).*

Este fragmento es parte de un diálogo que los investigadores mantuvimos con los niños y las niñas del grupo sobre el libro que habíamos armado unos meses antes en el comedor. Ese día los niños y las niñas contaban el libro a dos colegas del equipo que no habían podido participar con anterioridad. Los varones al principio estuvieron un poco tímidos, pero luego comenzaron a contar muy eufóricos el armado del mismo. "Para hacer el libro tuvimos que ir primero conociendo todo el barrio, sacar fotos y escribir lo que pensaban", dijo Pedro; "le hacía encuesta a la gente, cómo era el barrio o qué le molestaba", indicó Yon; "y las fotos las pegamos", aclaró Elías. Los diálogos eran cruzados, pero en principio respondían a nuestro interés de mostrar el trabajo realizado. Pero como suele suceder en el trabajo con otros, aquel interés rápidamente fue reemplazado por el de los niños. Las secciones del libro comenzaron a tener vida y ellos fueron los protagonistas. Así fue que muy rápidamente recordaron el incidente con Alejandro, uno de los varones que se había quedado con unos marcadores que los investigadores habíamos llevado al grupo.

En diversas oportunidades los niños aludieron a ese episodio, aunque aquella vez sus palabras fueron categóricas: "nos robó, nos rastreó, nos choreó y nos cheteó". Esas palabras que, en la perspectiva de los niños, definían a Alejandro como "chorro", volvían a incomodarnos como la primera vez. Pero mientras que para los investigadores robar una caja de marcadores era algo insignificante y hasta anecdótico, para los niños fue el recurso del que se valieron para expulsarlo del grupo. En este capítulo, las prácticas, relaciones y formas de percepción que estos niños establecieron con relación al robo, nos permitirán describir analíticamente otro modo de construir entre pares identificaciones con la masculinidad.

A través de la reconstrucción de los modos en que el "robo" fue nombrado por los niños y las niñas, veremos que esa acción en el barrio tenía como principales protagonistas a varones en tanto "chorros". Situarnos en ese cotidiano nos permitirá mostrar cómo esa acción representada masculina tenía cierto valor positivo entre los niños, al punto tal que algunos de ellos trasladaron dichas prácticas al ámbito de la escuela. Luego focalizamos el análisis en el incidente con Alejandro. Las diferentes referencias que los niños hicieron de aquel robo no se limitaron a denunciar la falta de unos marcadores, sino también y sobre todo la falta a una pertenencia colectiva y la evidencia del quiebre de un código que, como veremos, regía los vínculos al interior del grupo de varones. Esto dará lugar a comprender que las relaciones y formas de percepción establecidas por los niños con el "choreo", lejos de ser una falla moral de sus protagonistas por una pertenencia social (Míguez, 2008), respondían a un aprendizaje sobre principios de organización en la vida grupal que delimitaban formas de prestigios y respetos asociados a la masculinidad y exhibidos como *capital* (Bourdieu, 1991 y 1997) en diferentes espacios del barrio.

## El "choreo" en el barrio (o el capital en juego)

Fernanda, en nuestra primera caminata por el barrio, me dijo: "Acá hay chorrerío, hay que tener cuidado, y no hay que traer mochila porque pasan con las motos y te las arrancan". En esta frase, el robo era concebido como malo, por apropiarse de lo ajeno y la forma violenta de hacerlo. Salvando las distancias respecto del modo, los niños también hicieron una valoración similar en relación con el ciber. Al hacer comentarios sobre las fotos del libro que habíamos confeccionado con el grupo, los niños contaron que iban al ciber "casi todos los días" pero que la hora de juego estaba más cara. "Son unos chorros", sentenció Elías. En otra oportunidad recordaron con pesar la vez que alguien se había robado el cerco de la cancha. "Nos robaron la mitad de casi toda la cancha, que es re grande", indicó Yon. Esas maneras que tenían los niños y las niñas de referirse al "choreo" coincidían con la forma en que otros jóvenes y vecinos opinaban del barrio.

En otra oportunidad el presidente de la liga de fútbol contó que cuando recién habían "tomado" el comedor tuvieron que colocar una reja y un candado a la puerta porque habían robado unas computadoras. Lugares "protegidos" y "desprotegidos" en el barrio eran definidos por los vecinos también con relación al robo. Olga, una joven que cuidaba el terreno de una "toma" recientemente organizada, se refirió al tema.

*Olga: Vos fíjate que esto antes era barda y ahí han violado chicas, asaltaban a la gente, a mi suegra también le robaron.*

*Elías: Robaban, un día casi le roban a mi hermana [...].*

*Olga: Ahora en sí el barrio está más seguro. Hasta la misma gente se siente más segura porque la gente que sale a trabajar a las cuatro o cinco de la mañana se siente más segura porque sabe que los chicos que están acá no andan robando y eso [...] (Registro de campo, 30 de mayo de 2011).*

Según el relato de estos vecinos y los niños, esa "toma" nueva había favorecido la presencia de policías en la loma cercana a las "escaleritas", donde muchos de sus familiares habían sufrido algún robo. Los niños sabían que entre los que "tomaban" terrenos había grupos o "bandas" vinculadas al "choreo", incluso sabían que ocupaban la parte más alta de la barda, cercana al tanque australiano. La decisión de "tomar" un terreno tuvo entonces una valoración distinta al sentido común y a las noticias periodísticas que los medios de comunicación reflejaban de estos barrios. Aquello significaba una forma de frenar el robo en la zona, lo que hacía de aquél espacio un lugar "más seguro", "más protegido".

Sin embargo, los niños no siempre hablaron negativamente del robo; en varias oportunidades del trabajo de campo le atribuyeron otros sentidos diferentes, como cuando contaron que en el ciber pedían el juego en el que unos viejitos tenían que matar y robar. "Hacen lo que quieren, si quieren robar un auto, una moto, corren, le pegan a la policía", dijo Pedro. Cuando le pregunté a Marcos sobre su elección del juego, contestó que era mejor ser ladrón porque "no te tienen que atrapar, sino, te matan". Moverse con rapidez era uno de los rasgos que los niños destacaban al elegir esos personajes para el juego. Elegir el personaje terrorista o ladrón en el juego implicaba poseer la habilidad de saber "escapar" a tiempo. Algo que experimenté con los niños esa misma tarde cuando, estando en el ciber, Elías y Yon me indicaron que debíamos salir rápido. Todavía se escuchaban los sonidos del juego cuando todos caminábamos apurados hacia la puerta. Sin entender demasiado, una vez afuera, los niños empezaron a reír. Según ellos, habíamos "robado" media hora de juego gratis. Los niños tenían las monedas suficientes para solventar esos minutos extra, incluso sabían que podían recurrir a mi ayuda para pagarlo, pero aun así decidieron hacerlo. La burla que hacían al caminar era acompañada con gestos corporales de grandeza, caminaban sacando pecho y al mismo tiempo riéndose del dueño del local. A los ojos de estos niños, aquello era una actitud de viveza, en la que destacaban la habilidad para marcharse sin pagar.

Esa misma habilidad también la referenciaron en relación con las películas de la "feria". La tarde en que caminábamos con el grupo en dirección a las "escaleritas", Jorge las describió con un rápido movimiento circular de manos como el lugar donde "algunos se chorean películas". Tiempo después supe que los niños eran los más ávidos en robar en esos puestos de feria, pasando desapercibidos al hacerlo. Para estos niños, robar esas películas no era algo malo porque "los de la feria tenían varias". Y aunque mis colegas les explicaban que tenían varias películas porque las vendían, los niños contestaban categóricamente: "Nosotros no lo vendemos, lo robo para poder verla en mi casa, pero no lo vendo". En la perspectiva de estos niños, esos robos eran justificados, en la medida que no obtenían ningún beneficio económico, tan sólo un momento distendido en sus casas. Esto suponía que los niños no recibían ningún dinero por robar esas películas o golosinas.

Al igual que la escena del colectivo analizada en el capítulo anterior, el robo expresaba entre los niños una valoración sobre lo deseable o meritorio (Archetti, 2003). Esas formas que tenían los niños de comportarse, no eran sólo el resultado de lo que los varones enunciaban, sino también de lo que valía la pena *hacer*. Estas prácticas exigían de ellos un gran esfuerzo y valor que otorgaban reconocimiento a quienes las llevaban a cabo. Así, por ejemplo, mientras que las niñas eran conscientes de la peligrosidad de robar en un lugar tan expuesto por la cantidad de gente, los niños destacaban la valentía de no "cagarse" o "refugiarse" frente al peligro. En ambos casos, poner en práctica ese riesgo era una manera de diferenciarse y distinguirse como varones, de los que tienen astucia para escapar, de los que tienen valor ante situaciones difíciles y coraje para emprender acciones peligrosas. De esta manera, el sentido del robo tomaba un carácter más simbólico que económico.

El rap entonado con los varones del grupo puede aclarar esto que quiero mostrar. Ese día habíamos llevado con mis colegas temas grabados del grupo de rap San Lorenzo City[25], con la intención de estimular un diálogo con ritmo de rap mientras caminábamos por el barrio.

*Investigador/a: Y dale, Jorge, que siempre hablás de robo...*

*Jorge: El Claudio me robó la canillera –dijo sin rapeo y en tono de broma.*

*Yo: Viste, Jorge, está diciendo que el Claudio le robó una canillera [...].*

*Investigador/a: Y mira y mira, la barda que me mira.*

---

25   Este grupo de rap es del barrio San Lorenzo, en la zona oeste de la ciudad, y sus temas tienen difusión local y nacional. En varias oportunidades, los niños se refirieron al mismo para hablar de música. Un primer análisis del rap entonado con los niños puede leerse en Milstein (2013).

*Jorge: Elías le robó una media a Rodrigo –dijo otra vez sin rapeo.*

*[Todos ríen]*

*Yo: ¿Viste? Otra vez de robo, me tiene repodrido, ¿por qué hablas de robo? Cada dos palabras, tres son de robo.*

*Elías: Yo le robé al Robiño porque es un brasilero culeao, ese negro reculea, es regil, entonces le robo a ese Robiño [...]*

*Investigador/a: ¿Y qué me dices del policía?*

*Elías: Los milicos son regiles, la otra vuelta estábamos en la escuela, estábamos con mi compañero sentados en la esquina, agarramos una piedra y la tiramos a la Comisaría, salieron los milicos, y nosotros salimos picando. Somos unos grosos²⁶, ¡yeah!*

*Investigador/a: ¿Por qué le dicen "Cat" a la comisaría?*

*Jorge: Porque son unos gatos refugiados de mierda.*

*Elías: Esos cobardes agarran a todos, los giles de mierda, son más zapatos.*

*Investigador/a: ¿Zapatos de qué? –preguntó sin rapeo.*

*Jorge: Zapatos de que no sirven, de zapatillas –explicó sin rapeo.*

*Investigador/a: Ahí viene un auto, ahí viene un auto, ¿y qué hacemos?*
*Jorge: ¡Lo robamos! [...].*

*(Registro de audio, 25 de junio de 2011).*

En la interacción en movimiento y dialogada, el robo también fue valorado positivamente por los niños. En el relato de tirarle piedras a la comisaría, Elías ponderaba una valentía, en oposición a la "cobardía" atribuida a la policía. Sin embargo, el coraje para enfrentar el peligro y "picar rápido" eran habilidades que los niños valoraban en los robos como los del ciber y las películas. "Refugiarse", ser "gil" y "zapato" eran cualidades que bien podían indicar miedo y falta de audacia. En el robo de las medias, lo que valoraban no era tanto las medias de las que hablaban, sino la diferenciación que el mismo grupo establecía con Rodrigo, un brasilero o negro "culeao". Ambas clasificaciones tenían para los niños un valor positivo, por cuanto resaltaban la importancia de sus atributos, en contraposición a otros. En este caso, el "choreo", al mismo tiempo que mostraba señales masculinas otorgadas por las virtudes de valentía y coraje, establecía sentidos de pertenencia y de exclusión, por cuanto diferenciaban muy claramente a quién les estaba permitido robar. Esos modos de ser masculinos eran construidos por los niños como parte de un hacer que definía un nosotros y un ellos, a través de relaciones y precepciones asociadas con el robo.

Según Bourdieu (1987), el *habitus* mantiene con el mundo social del que es producto una verdadera complicidad ontológica al ser un conoci-

---

26 Palabra con la que los niños significaban la valentía y el coraje de sus acciones.

miento sin conciencia y una intencionalidad sin intención. Para explicar esa estrategia sin cálculo y sin fines conscientes del dominio práctico, el autor se vale de la metáfora del juego[27]. En lo social, *los jugadores aceptan, por el hecho de participar en el juego, y no por "contrato", que dicho juego es digno de ser jugado, que vale la pena (...). Disponen de triunfos, esto es, de cartas maestras cuya fuerza varía según el juego: así como la fuerza relativa de las cartas cambia de acuerdo con los juegos, la jerarquía de las diferentes formas de capital (económico, cultural, social, simbólico) se modifica en los diferentes campos* (Bourdieu y Wacquant, 1995:65).

En relación con lo planteado en este apartado, el valor otorgado por los niños al dominio del saber "chorear" dependía de la existencia de un *juego*, de un *campo* en el cual dicho *triunfo* era utilizado por los niños para definir la identidad de un grupo y afirmar y mantener una distinción masculina. Dicho de otra manera, esos modos de decir y hacer que los niños vinculaban con el robo, establecían un modo de existencia válido y eficiente en el barrio para atribuir significados de masculinidad entre los integrantes del grupo.

## El robo en la escuela (o la exhibición de Nico y Elías)

Luego de las vacaciones de invierno, estando con un grupo de maestras en una de las escuelas muy próximas al barrio, preguntamos por las clases y los niños que conocíamos.

Una maestra fue la que nos contó que el que estaba faltando era Nicolás. Y agregó: "Hoy vino, está castigado Nicolás". Preguntamos qué había hecho, y la maestra hizo un gesto circular con una de sus manos; todos entendimos que había robado. En el caso de Nicolás, nunca habíamos escuchado una historia en primera persona, pero, al igual que sus compañeros, solía hablar todo el tiempo del "choreo". Ya camino hacia la galería de la escuela, mis compañeras cuentan que se habían cruzado con Nico y que les había dicho no saber el porqué del castigo. "Me porté mal", sentenció. Según el testimonio de la maestra del grado, fueron los propios compañeros quienes lo delataron:

---

27 *La acción que guía al "sentido del juego" tiene todas las apariencias de la acción racional que diseñaría un observador imparcial, dotado de toda la información útil y capaz de dominarla racionalmente. Y sin embargo* **no tiene la razón por principio.** *Basta pensar en la decisión instantánea del jugador de tenis que pasa la red a destiempo para comprender que ella no tiene nada en común con la construcción sabia que el entrenador, después de un análisis, elabora para dar cuenta y para extraer lecciones comunicables. Las condiciones del cálculo racional no están dadas prácticamente nunca en la práctica: el tiempo es contado, la información limitada, etcétera. Y sin embargo los agentes hacen, mucho más a menudo que si procedieran al azar, "lo único que se puede hacer"* (Bourdieu, 1987: 23, subrayado mío).

*Maestra: Lo bueno de esto es que los compañeros ya no le gustó tam-poco la actitud de ellos y les dijeron. Muchas veces pasa que se cubren entre ellos, y pasó mucho tiempo [...]. Al principio no sabíamos qué había pasado, nos enteramos porque a la chica de la tarde le faltaron cosas, y después pasó eso.*

*Investigador/a: ¿Le venían faltando cosas?*

*Maestra: Eh, no.*

*Investigador/a: ¿Qué le robo?*

*Maestra: Juegos, robó juegos. Juegos pavos, viejitos, que no tienen valor, que vos decís, "Bueno, no roban por necesidad" (Nota de campo, 6 de agosto de 2011).*

Tal como expresaba la maestra, el robo de Nico en la escuela no era por necesidad, sobre todo por lo que conocíamos de él y por cómo actuaba en el grupo. Era uno de los varones más moderados al hablar, hacer una propuesta y pedir el grabador al grupo. Aquel robo en la escuela tenía el mismo sentido que el robo de golosinas y películas en la feria. Robos que para ellos no eran tan "malos". En relación con esto, el relato de la maestra fue más que elocuente:

*Maestra: -Uno [de sus compañeros] se me paró en frente y me dijo: "Seño, yo abrí el armario y después Nico se lo guardaron, y uno más, también de tercero, se lo dejó a él". Como que a Nico todos lo adoran, pero por otro lado no lo ayudaron en esta [...] Y esos juegos viejitos, si lo compras nuevo no sé cuánto te salen, y para mañana lo tienen que traer [...] (Nota de campo, 6 de agosto de 2011).*

El robo de golosinas, películas y también un par de juegos parecían tener algo en común: no eran objetos de gran valor y tampoco de necesidad para poseerlos. Con Elías ocurrió algo parecido, pero en la escuela contigua. Esta vez fue la maestra de otro curso la que me contó por teléfono que Elías "se había mandado unas cuantas, y una fue bastante grosa", aclaró.

*Maestra: Lo que pasa que Elías [...] está contestador, a mí cuando estuvieron de paro los porteros y yo le quise explicar por qué no tenían clases, me dijo, "Y a mí que mierda me importa"; yo enseguida le llamé la atención. Contesta a las maestras, está discriminador con sus compañeros...*

*Yo: ¿Pero qué es lo groso que se mandó?*

*Maestra: Y [...] lo último fue que robó una cámara de fotos a la seño con la que ensayaban el acto [de fin de año]. (Nota de campo, 13 de diciembre de 2011).*

En la escuela, Elías y sus hermanas Ruth, Violeta y Celeste eran bien vistos por las maestras. En más de una oportunidad me contaron del buen comportamiento, del cumplimiento y el desempeño en las asignaturas, sobre todo de Elías, que había "llegado" a la bandera. Sin embargo, aquel robo protagonizado por Elías no sólo ponía en duda su continuidad en la bandera sino también su reputación de buen alumno, y junto a él, la de las hermanas, ya que, para las maestras, más que individualidades representaban un todo, reafirmado en la manera de nombrarlos por el apellido. Para las maestras, el hecho se agravaba por robar en la escuela y a una maestra, mientras que para los niños aquel robo establecía un significado importante: la distinción de ser "groso". Así me lo explicó Yon cuando le pregunté sobre el robo de sus compañeros en la escuela: "Este zarpado quiso hacerse el capo... ¡es re gay!". La gracia con la que dijo esta frase hizo que todos los que estábamos allí largáramos una carcajada; en mi caso, sin pedir demasiadas explicaciones sobre lo que estaba expresando. En varios momentos del trabajo de campo los varones refirieron esos hechos acusándolos de "zarpados" y también de "gay", pero me llevó bastante tiempo entender que esas bromas podían ser una manera de expresar ideas, pensamientos o valores (Dubberley, 1995). Hacerse el "capo" o el "groso", según lo expresado por Yon y Elías en el rap, era un intento de demostrar un reconocimiento entre los varones, cuyo calificativo "gay" ponía en duda su distinción de saber robar, antes que su virilidad.

Tanto Nico como Elías eran reconocidos por sus compañeros como varones; su participación permanente en el equipo de fútbol y en el mismísimo grupo de amigos confirmaba esa virilidad. En el caso de Elías, su liderazgo era notorio en la cancha por su juego, y en el grupo, por la forma entusiasta con la que participaba. Solía esperarnos en la puerta del comedor o en alguna casa para salir a buscar a los otros varones. Hablaba mucho y era muy activo, sumaba compañeros, presentaba vecinos, nos vinculaba con dirigentes políticos y del barrio, sacaba fotos, dibujaba, pintaba, contaba historias, usaba el grabador, y cada tanto proponía mirar partidos en la cancha. Sabía recorrer muchos caminos y andar por los barrios. En esas experiencias del andar en grupo ninguno de sus compañeros ponía en duda su masculinidad. Conocer el mundo de la calle y compartir la pasión por el fútbol también eran formas de construir sentidos de masculinidad, en los que desplegaban valentía, dominio, cuidado y fuerza (Archetti, 2003), estableciendo con ello una marcada diferencia respecto de lo que decían y hacían las niñas en el barrio. Sin embargo, el calificativo "gay" establecía una diferencia dentro del grupo de varones, en la que, como ya dije, no se ponía en duda la masculinidad de Nico y Elías. Ni siquiera fueron considerados femeninos por el hecho de ser delatados y descubiertos en la escuela. Esa carencia de virilidad destacada por Yon referenciaba otra cosa, la pérdida de un estatus mayor en la búsqueda por ser "groso" o "capo". Nicolás y Elías, siendo buenos alumnos y abanderados, sabían que algo de su distinción masculina se perdía en las experiencias del grupo en el barrio. Los que no sabían robar o alcanzaban a ser delatados eran varones que, según sus parámetros, no alcanzaban a diferenciarse entre los varones del grupo, aunque los dotaba de mejores condiciones para futuras experiencias.

De este modo, estos niños exhibían a través del robo la coexistencia de distintas –y a veces hasta contradictorias– disposiciones y formas de masculinidad en el contexto social de la "Toma" y dentro del propio grupo. En el grupo, por el hecho de que no todos los niños se vinculaban de la misma manera con el robo ni practicaban el "choreo", aunque eran muy pocos los varones que no establecían alguna valoración positiva del mismo; y en el barrio, porque estos comportamientos descalificados en la escuela y en el barrio no hacían otra cosa que refirmar una estrategia alternativa al modelo hegemónico (Garriga Zucal, 2005). Así como el grado de escolarización constituye una forma de prestigio y distinción que les permite a otros grupos sociales establecer relaciones y posiciones personales dentro del sistema del que forman parte, el "choreo" era para estos niños una de las prácticas que los aglutinaba como varones y otorgaba prestigio a quien lo hacía, al colocarlo en una posición más elevada que la del resto de sus compañeros. Más que hablar del robo, de lo que se trataba era de participar en una vivencia común que estructuraba pertenencias y valoraciones aceptadas por los niños. Cuanto más hábil era la capacidad del niño para robar, mayor era su virilidad. Todos estos niños, en algún momento, debían experimentar aquel acto distintivo y diferenciador. A través del robo, estos niños diferenciaban cualidades masculinas que ponderaban el coraje, la habilidad y el prestigio.

De esta forma, me parece importante problematizar el debate con aquellos estudios que en el ámbito regional priorizan en sus trabajos de campo con niños los análisis del robo como una actividad de subsistencia que organiza la vida en situación de calle (Muñoz y Pachón, 1980; Montesinos y Pagano, 2011). Estas líneas de trabajos, aunque en contextos y momentos diferentes, han sido y siguen siendo sustanciales para mirar como problema social las situaciones de pobreza y los niños de la calle. Según sus referencias históricas y socioeconómicas, la fuerza de los cambios estructurales de las últimas décadas provocó una nueva configuración social marcada por el aumento de las desigualdades, que exigió de los niños "comportamientos distintos en función de su posición dentro de un esquema de posesión y no dentro de un esquema de posibilidades y necesidades" (Muñoz y Pachón, 1980: 125). El robo sería, entonces, según la perspectiva de estos estudios, una de las diversas estrategias desplegadas por los niños para obtener un ingreso económico diario o colaborar con la obtención de ingresos destinados a la supervivencia familiar. Estas ideas tienen puntos de conexión con las experiencias infantiles que estoy presentando, por cuanto las prácticas del robo responden a grupos populares urbanos; sin embargo, los sentidos y significados desplegados por estos niños son un tanto diferentes. Antes que una lógica de provisión, lo que estos niños aprendían eran modos de construir masculinidades y, a través de ello, modos de vivir la "Toma".

Bourgois (2010), en su trabajo etnográfico con un grupo de jóvenes de un barrio marginal de la ciudad de Nueva York, analiza cómo la cultura callejera de la delincuencia no era solamente en respuesta a las exigencias económicas. El interés de moverse entre prácticas ilegales buscaba, sobre todo, el sentido de dignidad y realización personal, algo tan importante como el sustento físico. Con ello, el autor, al tiempo que señala las condiciones sociales para la producción de sus vidas, destaca la agencia de los sujetos, aun en la extrema desigualdad que atraviesa sus vidas. Siguiendo este principio de acción, podría pensarse que el "choreo" aceptado como legítimo y reconocido como diferencia dentro del grupo de niños funcionaba entonces como un capital simbólico que proveía una prueba de distinción.

Como ya señalé, al hablar de la noción de *capital* hago referencia a cualquier propiedad percibida por los agentes sociales como distintiva, al conferirle algún valor (Bourdieu, 1997). Esta categoría analítica permite reconocer los marcos con los que estos niños delimitaban y clasificaban legitimidad, prestigio y autoridad para distinguirse e identificarse como masculinos. Contar entre ellos y a nosotros que habían robado o pensaban robar algo tenía un valor positivo que enfatizaba el reconocimiento dentro del grupo. La autenticidad de sus relatos estaba dada por la acción y por expresiones como "nosotros robamos" y "una vez robaron". Divulgar y practicar el robo en el ciber, en la feria y en la escuela eran las formas que tenían estos niños de mostrar la posesión de un cúmulo de saberes y conocimientos que, en principio, establecían señales identitarias masculinas dentro del grupo.

En relación con esto, Bourdieu (1997) analizó cómo en las economías arcaicas, cuando los capitales simbólicos no estaban institucionalizados, emergían los instrumentos de demostración del poder mediante la mostración: en ese caso, concluye el autor, exhibir el capital contribuía a legitimar y reproducir el mundo social (Garriga Zucal, 2007). En el caso de Nicolás y Elías, el barrio y la escuela fueron los espacios que eligieron para legitimarse como masculinos, al exhibir la posesión del capital "choreo". Y, sin embargo, no se trataba de cualquier robo, sino de aquel que estaba permitido realizar. Es decir que el "chorear" era un capital definido entre los niños, no sólo por la capacidad de robar, sino también de reconocer cuándo, cómo, contra quién y dónde exhibir esas capacidades.

## El "rastreo" en el grupo (o en busca de respeto)

Los robos de estos niños en la escuela eran parte integral de su eficacia en el manejo de comportamientos valorados por el grupo. Ciertamente, el aprendizaje de esta forma de lo masculino representaba sin duda una parte de la formación educativa de estos niños. Cualquiera que aspirara a diferenciarse en el grupo debía en algún momento establecer relaciones con el "choreo" para lograr el estatus de "capo" o "groso", una distinción de hombría que en principio no sucedía por ir a la escuela, tener buena conducta o portar la bandera. Esto no hacía, como ya dije, que todos los niños tuvieran una relación estrecha con el robo; no obstante, los integrantes del grupo debían compartir alguna valoración positiva del mismo para no ser considerados "refugiados", "zapatos", "giles" o, en el peor de los casos, "cobardes". De ahí que las aptitudes aprendidas para el robo respondían a prácticas, pero también a relatos. El aprendizaje se llevaba a cabo en experiencias como las de los libros, la cámara o los juegos, y también en la transmisión oral al contar y contarse historias, como las de las películas, así como golosinas o medias. Aun cuando esas acciones no fueran exitosas, como ocurrió con Nico y Elías, los niños ponían a prueba el conocimiento de las habilidades que diferenciaban al más hombre entre los hombres, al tiempo que los predisponían en favor de quien lo hacía en mejores condiciones, para futuras acciones. De esta valoración procedía la tendencia de los niños a apreciar las prácticas de robo como prestigiosas y poseedoras de autoridad dentro del grupo. Definiciones de respeto construidas en torno a un modelo masculino que especificaba lo que estaba bien y lo que estaba mal, constituyéndose como una de varias medidas de valor del ser masculino; algo que pude apreciar con mayor claridad a través del enojo que los varones manifestaron hacia Alejandro, uno de los primeros en sumarse al grupo de colaboradores.

La primera vez que los niños –y también las niñas– increparon, muy enojados, a Alejandro fue el día que armamos el "libraco" en el comedor. Mientras los varones y Violeta pegaban y comentaban fotos, Alejandro entró muy despacio, un poco sorprendido de habernos encontrado todavía allí. Eran alrededor de las seis de la tarde, horario en que los niños y las niñas comenzaban a llegar al lugar para la cena. Cuando apenas Alejandro había dado algunos pasos hacia el interior del comedor, Violeta preguntó con soberbia: "¿Trajiste los marcadores?". Alejandro se quedó un rato en silencio, y en ese momento una colega lo justificó diciendo en voz alta que los había olvidado porque no sabía que ese día trabajábamos en el comedor. Después de eso, Alejandro dijo en tono bajo: "Me olvidé". Como para quitar importancia otra vez, mi colega intervino pidiendo que los fuera a buscar para armar la carpeta. Alejandro dio media vuelta y salió rumbo a su casa. Los varones siguieron trabajando, y Violeta, dando colores a las fotos; sin embargo, Alejandro nunca volvió y tampoco los marcadores.

En aquel momento nos resultó extraño que Alejandro no apareciera por el grupo, pero su ausencia la empezamos a comprender el día que con el grupo recortamos las fotos para armar el libro. Aquella tarde trabajamos con Ruth, Violeta, Marcos, Yon, Elías, Nico, Pedro y Jorge. Una de las tantas fotos que ese día recortó Yon era una en la que aparecía Alejandro; entonces sugirió en tono de chiste: "Ésta póngala en rastreros". Como ninguno de los adultos lo habíamos escuchado, repitió mirando a Marcos: "Ésta póngala en rastrero". Allí surgió el siguiente diálogo:

*Investigador/a: ¿Ésta dónde va? –preguntó señalando una foto en la que aparecía Alejandro– ¿En aprendiendo?*

*Yon: No, ésta va en rastreros –sentenció.*

*Elías: Porque es rastrero.*

*Nico: Porque no nos trajo más los marcadores.*

*Elías: Ajá, sí, el rastrillo ése... [Yon le muestra la foto también a Marcos repitiendo el apodo hacia Ale.]*

*Marcos: ¿Cuántas cajas de marcadores nos robó el Ale? –preguntó en tono de risa.*

*Elías: Dos.*

*Yon: Tres –contestó rápidamente.*

*Yo: No sé, pero no importa, compramos otros.*

*Marcos: No, no, pero ¿cuántos nos robó?*

*Yo: No me acuerdo –le dije a mi compañera.*

*Marcos: Dos.*

*Yo: Lo importante, que entre nosotros ahora no se nos pierdan las cosas.*

*Nico: Y no, si el Ale se hizo el re tonto.*

*Ruth: Pero la Martina se dejó los marcadores –denunció.*

*Yo: Claro, están enojados porque el Ale les robó los marcadores –dije mirando a mi compañera.*

*Investigador/a: Sí, eran re lindos.*

*Ruth: Ajá, y el otro día se lo fuimos a pedir encima.*

*Elías: Sí, y le dijo a mi hermana, le dijo: "No, yo no te lo voy a dar".*

*Nico: Se hizo el re boludo, vamos a cagarlo a piñas. Vamos a buscarlo a su escuela, lo rastramos por todo el piso, no, ni a la escuela va el gil.*

*Elías: No sabe ni escribir el pelotudo.*

*Nico: Es re gay, ahí.*

*(Registro de campo, 11 de octubre de 2010).*

Mientras los niños y las niñas hablaban muy enojados de Alejandro, nosotros escuchábamos, pero concentrados en el armado del libro. Aquella situación nos hizo respetar silencios y tiempos de conversación. De alguna manera, nos incomodaba tener que reclamar junto al grupo una caja de marcadores, algo insignificante para nosotros. Sin embargo, para los niños y las niñas del grupo, contar con esa caja de marcadores era importante, y así lo denunciaban cada vez que podían. Comentando las fotos que habíamos seleccionado en el grupo, Elías, que estaba a mi lado, dijo en voz alta: "Vos estás concentrado, éste es re gay", refiriéndose con lo último a Alejandro. Y luego continuó: "Porque es gay y nos robó todo, y le vamos a pegar".

En mi intento de minimizar el hecho, atiné a decir: "No importa", pero los varones pronto me contradijeron: "Sí que importa, son los marcadores del grupo". Cuando mostraban el libro, también tenían algún comentario de este tono para Alejandro:

> *Elías: Mire, mire –dijo acercándose a mi compañera y señalando la imagen de Alejandro en la tapa del libro–, ahí está usted, éste es rastrero, ahí estoy yo.*
>
> *Investigador/a: ¿Rastrero? ¿Así le dicen? –preguntó, mientras Elías hacía un gesto con los codos y manos afirmando el comentario.*
>
> *Investigador/a: ¿Por qué le dicen así? ¿No lo vieron más a Ale?*
>
> *Nico: Unas ganas de cagarlo a palo [...] (Registro de audio, 2 de abril de 2010).*

También, el día que con mi colega repartimos unas bolsas de regalo entre los integrantes del grupo se evidenció el enojo de los varones. Esa tarde el paseo fue en auto y los varones me acompañaron. Recuerdo que faltaba entregar dos bolsas, una de Fernanda y otra de Alejandro. Y como sus casas estaban muy próximas, decidí acercarme al lugar. Los varones me recordaban permanentemente que el "boliviano" –así le decían muy enojados– era el que les había robado. Pero aun con su enojo, quise acercarle el regalo que también le habíamos preparado.

Al llegar a su casa, los varones lo empezaron a insultar en voz baja: "chorro", "boliviano chorro", "gay de mierda", fueron algunas de las palabras que alcancé a escuchar.

Mientras intentaba calmarlos, ellos más se enfurecían. "No le entregue nada", me decía Elías; "No se baje, no se baje", acotaba Yon. Cuando Alejandro nos vio, se quedó parado en la puerta de su casa; intenté que se acercara al auto porque les tenía miedo a los perros que había en la cuadra. Pero no lo hizo. A cada rato giraba su cabeza, mirando hacia el interior de su casa. Como sabía que no se acercaría por temor al reclamo de los marcadores, decidí acercarme, aun con cierto temor a los perros, que estaban cerca de él. Y al caminar unos pasos, decidí decirle en voz alta mi interés de verlo: "Tenemos un regalo para vos, como participaste del grupo queríamos entregarte una bolsa de fin de año que armamos con el equipo". Recién allí se acercó unos metros. Nos dimos la mano, y muy entusiasmado por mirar lo que había en la bolsa, me agradeció el gesto. Alcancé a preguntarle por qué no iba más al grupo, le dije que se acercara cuando quisiera, pero su respuesta fue categórica: "No puedo, no me dejan". Claro estaba que quienes no lo "dejaban" eran los varones, que, mientras yo lo saludaba, lo insultaban. Según estos niños, el "Ale" había hecho algo que "no se hace" dentro del grupo. Con los insultos "negro" y "boliviano", los niños determinaron que el robo de Alejandro era una acción no valorada por el grupo; por eso, su posición dentro del mismo se trasladó a un otro distinto, claramente identificable y estigmatizante. Sólo cuando esas acciones se mostraban fuera del grupo, se hacía parte de una exhibición valorada como masculina; de lo contrario, eran acciones consideradas de "rastrero", de "gay", de no-hombre. Más que una definición sexual, lo que estos niños resaltaban e impugnaban con aquel calificativo era la falta de respeto a las maneras de hacer las cosas dentro del grupo. Las formas de integrar el grupo y ser parte de él respondían a deseos personales –ser el "capo"– pero, fundamentalmente, a maneras de actuar.

Míguez (2008), al estudiar la delincuencia juvenil de las clases populares en la provincia de Buenos Aires, advierte que las particularidades de quien comete estos actos, cómo los comete y qué transgresiones elige cometer responden a un sistema de valores, creencias, representaciones y formas de relación social en los que se prescribe la transgresión normativa, no sólo como una práctica legítima, sino como aquello que define la pertenencia a un sistema. El robo así pensado nada tenía que ver con fallas morales sino con formas de socialización y sociabilidad, que en estos jóvenes operaban como elecciones de sus actos. En el caso de mis colaboradores, estos niños construían un sistema de valores alternativos a los vigentes alrededor del robo como expresión de coraje y distinción.

En el contexto estudiado por Bourgois (2010), la búsqueda personal por la autonomía, la autoafirmación y la dignidad era parte de un hábil juego en el que debían hacerse visibles determinadas estrategias masculinas sin transgredir las normas culturales de respeto mutuo. La destreza singular para la cultura de la calle, destaca el autor, requería de antemano manejar los códigos de dependencia, disciplina y dignidad propios de su contexto. Es así que el manejo de ciertos códigos culturales sirve para construir un *nosotros*, que puede ser tanto el de los residentes puertorriqueños estudiados por Bourgois como el de los niños de la "Toma". En el caso de los niños con los que me vinculé, las marcas con las que delimitaban pertenencia y construían un nosotros debían hacerse visibles fuera del grupo para que funcionaran. Era robando a otros que estos niños mostraban esa masculinidad distintiva. El robo de marcadores quebraba un código establecido entre los varones, y consideraban a Alejandro como un otro descalificado, racializado y con falta de virilidad, hecho que lo convertía en "negro", "boliviano" y "gay". Tal como nos advierte Goffman (2008), el atributo que genera la diferencia no debe entenderse de un modo esencial sino relacional, en tanto es el *lenguaje de relaciones* el que acredita el *estigma*. En el caso de los niños de la "Toma", los usos de "negro", "boliviano" y "gay" como insultos resaltaban e impugnaban al mismo tiempo una falta de respeto a las maneras de hacer y nombrar las cosas al interior del grupo. Expulsarlo del grupo fue la manera que los varones encontraron de hacer respetar las relaciones que definían esa pertenencia. En tanto el prestigio del grupo se ajustará a este modelo masculino, como clave de pertenencia y distinción, los niños debían tenerlo como parámetro sobre el cual evaluar sus formas de acción. En la perspectiva de estos niños, existían en sus vidas otros componentes más relevantes que el origen social y el origen étnico: el compartir un conjunto de experiencias relacionadas con el robo y comportamientos valorados como masculinos.

***

Al enfocarnos en las relaciones dentro del grupo, vimos que se trató de un espacio predominantemente masculino: no sólo por ser sus integrantes mayoría varones, sino también por las prácticas que allí desempeñaban. En medio de esta presencia masculina, vimos la centralidad de la categoría "choreo" tanto en el contexto del barrio como en la vida cotidiana de los niños. El robo se conformaba para estos niños en un complejo bien que reunía saberes y formas *de ser* que permitía y estimulaba las relaciones al interior del grupo. Como vimos, esto requería de un aprendizaje por parte de sus poseedores en tanto internalización de valores y actitudes que regían los vínculos entre los varones. Estos niños aprendían a hacerlo para formar parte de un grupo, Jorge lo decía todo el tiempo: "me robaron", "¡lo robamos!", "algunos chorean", "hay que robarle". Y en las explicaciones de los niños, surgía la idea de robar para saber "escapar", "picar rápido", "tener coraje" y no ser "zapato". El probar robar les daba a estos niños una pertenencia grupal y al mismo tiempo algunos rasgos masculinos con valor positivo en sus relaciones cotidianas. No eran las niñas ni tampoco las mujeres las que solían robar, y en los varones no era cualquier niño el que lo hacía, sino aquel que sabía exhibirlo. En el caso de Alejandro, ese mostrarse no fue de acuerdo a los modos que establecían los niños, su acción puso en escena el status de correcto e incorrecto a las formas de hacer y de pensar según los parámetros del grupo. Diremos, entonces, provisoriamente que existía de parte de los niños una identificación varón-"chorro" que podría pensarse incluso como algo más que una identificación, donde hacer uso de ese *capital* sería la condición para ser considerado varón en el contexto del grupo. Un prestigio masculino dado en la acción de robar aquello que según los propios niños se podía robar, aun corriendo el riesgo de ser atrapado como en el juego del ciber o los libros de la escuela. Lo importante para estos niños era exhibir sus prácticas masculinas, allí mostraban algo de su identidad como varones del grupo.

# Capítulo 4

## "Somos Conociendo Toma Norte": grupos y tramas masculinas

### Introducción

*Las chicas se acercan*

*Yon: ¿Envidia? ¿Envidia? Mirá –le muestra el libraco.*

*Marcos: ¿Envidia? Nuestro grupo está mejor, naaa. [Risas]*

*Mailén: Qué, ¿ése es su grupo?*

*Yon: ¡Nuestro libro, guacho!*

*Mailén: ¿Su libro? ¿Cómo se llama su libro?*

*Pedro: Conociendo Toma Norte*

*Yon: Pero es un grupo, ¡un grupo! –remarcó. (Registro de campo, 2 de abril de 2011).*

Este diálogo sucedió estando con el grupo en la vereda del comedor comunitario. Luego de haber comentado el armado del libro y los lugares en donde presentarlo, la propuesta de una de las investigadoras del equipo fue fotografiarlo para pasarlo en formato digital, imprimirlo y así repartirlo a la gente. Los niños se prendieron a la idea y rápidamente salieron del comedor con el libro y cámara en mano. Y al salir todos, Yon propuso mostrar el libro a la gente que pasara, así fue que los varones comenzaron a llamar a una mujer que pasaba por la calle. "¿Quiere leer un libro?" preguntó Elías, y la mujer se acercó un poco desconcertada. Mientras los niños empezaban a hilar palabras, la mujer enredaba su mano entre los mangos de una bolsa y miraba de costado en señal de que tenía que seguir caminando. La mujer estaba apurada, entonces Yon y Marcos comenzaron a llamar a dos adolescentes del barrio que también pasaban por allí. Luego el diálogo inicial.

Esas palabras condensaron la experiencia de trabajo grupal. Para estos niños era importante ser parte del grupo, y lo era en relación con otros grupos del barrio, por eso el "envidia" de Yon y el chiste de Marcos al decir "nuestro grupo está mejor". Un grupo que, en la perspectiva de sus protagonistas, se había armado para conocer el barrio y los vecinos. Algo que en principio coincidía con nuestra propuesta, la de los investigadores. Pero al tiempo que nos hacíamos grupo recorriendo lugares, realizando entrevistas, dibujando planos y sacando fotos, se ponía de relieve la densidad del vínculo que estos niños establecían entre sí, con sus pares y adultos. La particularidad de la vida de estos niños en el barrio transcurría en contextos de grupos. "Somos Conociendo Toma Norte", "somos del comedor", "somos del equipo de fútbol", "somos amigos", era la manera que estos niños solían usar para presentarse, aludiendo con ello una vivencia grupal que establecía vínculos y relaciones sociales con sus pares, vecinos, instituciones y organizaciones del lugar.

Según Pichon-Rivière, el sujeto está determinado histórica y socialmente en un proceso de interacción, en una dialéctica o interjuego entre sujetos, de la que el vínculo –como relación bicorporal– y el grupo –como red vincular– constituyen el escenario y el instrumento privilegiado (Quiroga, 1992). En el caso de estos niños, esas redes vinculares no sólo eran el escenario de una pertenencia común, sino también el instrumento para identificarse y diferenciarse varón.

Analizar los modos de armar grupos vinculado a procesos de identificación con la masculinidad es el objeto de este capítulo. Para dar cuenta de esta relación, primero presento las experiencias grupales de los niños en el espacio del barrio a través de sus vínculos de amistad y los grupos del fútbol, el comedor comunitario y el de colaboradores integrado por niñas y adultos; con ello describimos el modo en que esas relaciones estaban ligadas a lo masculino. Posteriormente me detengo en las acciones grupales en los espacios de la cancha y el fútbol. Al enfocarnos en esas tramas vinculares, veremos la centralidad de la categoría grupo ligado a un espacio marcado por el sexo: no sólo por ser mayoría los varones, sino también por las actividades y los sentidos que allí desplegaban. En ambos apartados, esas significaciones serán analizadas por sus prácticas y relatos, incluyendo la confección de un libro elaborado en conjunto como parte de las actividades en el barrio.

Como veremos en el relato de este capítulo, la grupalidad en estos niños era otra forma de construir identificaciones con la masculinidad, donde el saber moverse en grupo y establecer redes vinculares era una condición para ser niño y varón en ese contexto de "toma".

## "Y fuimos llegando": entre contactos y conocidos

El primer encuentro con esas maneras en que los niños y las niñas establecían vínculos fue estando en el comedor. Aquella tarde mientras esperábamos con mi compañera, dos niñas abrazadas cruzaron la puerta y nos saludaron. Rápidamente se acercaron a conocernos y adivinar nuestros nombres. Luego de saber que se llamaban Ruth y Violeta, se sumaron a la charla Ernesto, Yony y Alejandro, y con ellos recorrimos por primera vez el lugar. A los pocos días de volver al barrio, Yon, Elías y Nico se sumaron al grupo que habíamos iniciado en el comedor. Como en esa oportunidad ensayábamos preguntas sobre el barrio con las niñas, los invitamos a compartir la actividad. Aunque al principio se acercaron muy lentamente, estos niños no tardaron en participar de la conversación y hasta armar propuestas. Nos indicaron otra comisión vecinal cercana al comedor que hasta el momento no sabíamos que existía y nos invitaron a conocerla. Incluso Elías esbozó una pregunta con la intención de hacerle a sus vecinos: "¿qué pensás del barrio?". Esto hizo que los niños hablaran de la "canchita" y el grupo de amigos: "Nosotros tenemos unos amigos, Marcos, Jorge, Nico, siempre vamos a la cancha, la limpiamos y tiramos todo a la barda", dijo Elías. Y mientras la conversación trataba sobre el alambrado de la cancha que habían robado, Marcos apareció por la puerta preguntándonos: "¿Qué tenemos que hacer?". Era la primera vez que estos niños participaban del grupo y lo hacían con solvencia y entusiasmo. En el transcurso de aquel día y el devenir de los encuentros, nuestras conversaciones muy rápidamente fueron acaparadas por las historias que contaban los varones. En un principio, esas historias estuvieron ligadas al peligro, como cuando Yon y Marcos decidieron presentarse ante nosotros diciendo que estaban acostumbrados a estar en la calle, escuchar tiros, asesinatos y enfrentarse con policías. En varias de sus interacciones pudimos observar que esa peligrosidad, aunque no era constante formaba parte de la historia del barrio y por lo tanto de las experiencias que estos niños y niñas compartían. No era un dato menor que esas historias con tiros y policías en la calle visibilizaran experiencias de coraje, valentía y prestigio. Como vimos en el capítulo anterior, los robos y las "bandas" del lugar también eran parte de sus relatos y experiencias masculinas.

De esta manera, sus relatos comenzaron a tramar un cúmulo de experiencias compartidas como parte de un "nosotros" que los identificaba con los espacios de la calle, una pertenencia grupal que no habíamos escuchado con tanta asiduidad en las niñas[28]. "Andamos todo el día" solían decir los niños en cada encuentro. La pluralidad del verbo "andar" no era un dato menor en sus relatos, pues la experiencia de los varones de andar "callejeando" tenía la virtud de armarse de coraje y valentía por sus historias con tiros y policías, por ejemplo. El insulto "refugiados de mierda" a veces otorgado por los niños a la policía, no hacía otra cosa que reafirmar el valor de no esconderse y no escaparle al peligro del lugar. Por el contrario, estos niños solían relacionarse con algunas de las "bandas" del lugar por algún hermano mayor y "andar" por el barrio hasta bien tarde. Pero ese "andar

---

28    En el segundo capítulo analicé las maneras en que las niñas tenían mayores responsabilidades en la casa y menos permiso para "callejear", estableciendo con ello vínculos más notorios en el ámbito de las redes familiares y de amistad.

todo el día" de los varones también tenía la virtud de conocer mucha gente. Algo muy valorado en los niños por la capacidad de establecer contactos. Al principio, fueron varias las veces que los niños pusieron en discusión el lugar de llegada al grupo de colaboradores; según su percepción, aquello también establecía una distinción de "capo" y más "capo": "Nosotros [con Yon] llegamos primeros, somos los más capos", dijo Elías.

En ese sentido, no fue menor que los niños dedicaran la primera parte del libro a contar(se) el origen del grupo, ponderando los tiempos y momentos de llegada al mismo. En la primera sección del libro aparece una foto con el rostro de Marcos con la que se presenta y también presenta al grupo: "Ola ola me llamo Marcos y llegue después de yon elías Fernanda violeta ruht son 13 chicos y isimos un grupo y juntos vamos conociendo a los vecinos". En la siguiente foto vuelve a aparecer Marcos posando bajo el dibujo de un dinosaurio estampado en la pared del comedor, pero esta vez junto a Elías, y la siguiente descripción: "Nuestro grupo comenzó. Primero venían conociendo el barrio los investigadores. Después fueron llegando Ernesto, Fernanda y Violeta. Después un sábado llegamos Yon, Marcos y Yo". El relato de Elías continúa con la incorporación de Nico, Pedro y Alejandro; y el detalle del dibujo. Aquella referencia de ser primero establecía, entonces, un orden de llegada, aunque también un orden de jerarquía al interior del grupo al destacar la capacidad del más "capo", aquel que podía establecer contactos con otros grupos y personas. Como muestro más adelante, tener un contacto significaba para estos niños asegurarse algún beneficio personal, aunque también grupal.

Los espacios que rodeaban al barrio –la calle de tierra, la cancha y la "barda"– no eran ajenos en las vidas de estos niños, desde muy pequeños se acostumbraron a andar en casas de vecinos, jugar en la vereda, caminar hasta la cancha y trepar las bardas. Desde el principio el andar en grupo fue para estos niños un modo de acercarse y relacionarse con otros niños, niñas y adultos del barrio, igual como lo fue con nosotros los investigadores. Y aunque la participación de estos niños en el grupo tenía sus raíces en sus vínculos previos de amistad, eso no aseguraba por igual la capacidad de establecer contactos y relacionarse con conocidos. Entre los varones, esa distinción era reforzada a medida que nos presentaban compañeros para incorporarlos al grupo. En el caso de Pedro, su incorporación fue a través de Marcos y Yon. Como parte de nuestras actividades grupales, los niños y las niñas podían hacer entrevistas a vecinos para conocer el barrio. Por ese motivo, en uno de nuestros encuentros Marcos y Yon pidieron quedarse con el grabador del grupo para usarlo en su casa. Pedro no sólo participó de las entrevistas que probaron en casa de Marcos, sino que además propuso hacerle una a su mamá. Su participación fue similar al resto de los varones, sumándose muy rápidamente a las actividades de caminar por el barrio, sacar fotos y hacer entrevistas.

Jorge, al igual que Pedro, se sumó ya iniciado el grupo de colaboradores. Era el momento en que armábamos el libro. Estábamos seleccionando un par de fotos, cuando Jorge abrió la puerta del comedor. Al principio no se presentó y su participación fue más de compañía a sus amigos. No opinaba demasiado, aunque cada tanto deslizaba un chiste sobre alguno de nuestros comentarios. Cuando le pregunté su nombre, Nico lo presentó como parte del grupo: "Él es nuevo", afirmó. Según los niños, Jorge además de conocer lo que hacíamos en el grupo, había participado del armado del libro en casa de Marcos. Las visitas en sus casas eran parte de los recorridos que estos varones hacían para buscarse y convocarse. Ese fue el modo en que también conocimos a Claudio. Estábamos hablando en la calle con varios de los niños cuando Elías me lo presentó: "Él es nuevo", dijo refiriéndose a Claudio y rápidamente comenzó a interactuar con nosotros. Esta manera de convocarse definió las relaciones al interior del grupo y a su vez mostraba el modo de relacionarse que estos niños tenían en el barrio.

En una charla en el comedor, los niños hablaron de vínculos muy cercanos e íntimos. Pedro contó que era primo de Yon, y que a su vez Yon era primo de Pedro y Elías. "Somos todos primos", dijo Elías. Las risas y miradas cómplices que los niños expresaron al contarlo, hicieron que nosotros afirmáramos con tono de broma: "son todos parientes, como nosotros". Y en ese enredo de "tíos" y "primos", Pedro aclaró que era primo de Yon por parte de su mamá y de Elías por su papá. Y al preguntarle por Ruth, contestó: "Es mi prima porque es la hermana del flaco", refiriéndose a Elías. Ese lazo familiar que los niños se otorgaron entre ellos, un poco en broma un poco en serio, puso en evidencia el grado de intimidad en sus relaciones, la frecuencia de esos vínculos en el grupo y la historia de esa relación, es decir, el tiempo desde cuándo se conocían y las experiencias previas entre ellos. Estos niños vivían en Toma Norte desde recién nacidos o de muy pequeños, sus casas estaban ubicadas muy cercanas entre sí, y algunos hasta vivían en la misma cuadra. Todos compartían alguna de las dos escuelas próximas al barrio y, eventualmente, los mismos turnos y cursos. Solían esperarse para ir y volver de la escuela. En el trayecto hacia sus casas, los saludos de mano y las conversaciones en grupo eran los modos que tenían para encontrarse entre ellos mismos y con otros vecinos del barrio. Estos niños sabían que esa amistad era la que les permitía establecer contactos que podían transformarse en vínculos duraderos y lazos recíprocos más allá de los límites de su propio grupo.

En las caminatas por el barrio, los niños mostraban sus casas, nos presentaban a sus padres, madres, hermanos y sobrinos. Nos señalaban lugares importantes para ellos, y nombraban personas "conocidas" del lugar –dirigentes políticos, encargados del comedor, referentes del barrio y de iglesias evangélicas, vecinos y grupos de ayuda social– con los cuales se relacionaban de manera frecuente y prolongada. "Nosotros jugamos al fútbol en una liga y vamos a todos lados, conocemos mucha gente", dijo Elías. "Al [encargado del comedor] lo conocemos del fútbol", indicó Jorge; y en otra oportunidad uno de los varones señaló: "el [de la comisión vecinal] nos conoce, siempre le mangueamos alguna pelota o algo para el equipo". Ese conocer a "mucha gente" se notaba al caminar con ellos por el barrio. Las personas que los saludaban en el trayecto eran variadas: señoras, vecinos, jóvenes, referentes y niños que a pesar de no conocerlos me saludaban por mi nombre. Algunos solían pararme para decirme dónde estaban los varones o dónde podía buscarlos.

El despliegue de estas relaciones como integrantes del grupo redefinía las relaciones personales como una red social, para usar una expresión de Barnes (1987). Según este autor, una red es un campo social compuesto por relaciones interpersonales concretas que vinculan individuos a otros individuos mediante criterios subyacentes en el campo; en el trabajo con niños de la "Toma", por ejemplo, se trataba de criterios de vecindad y amistad. Estos niños tenían relaciones personales con una multiplicidad de individuos que, a su vez, estaban vinculadas a más individuos imposibles aquí de calcular[29]. Es decir que las conexiones de estos niños traspasaban los límites del grupo, aunque estaban íntimamente relacionados al mismo (Garriga Zucal, 2007). En otras palabras, eran los "capos" del grupo los que, caracterizados por su habilidad, podían acrecentar el número de conexiones. Ese bien simbólico, entonces, era poseído grupalmente pero también individualmente. Elias, Yon y Marcos se diferenciaban del resto de sus compañeros por su capacidad de entablar una mayor cantidad de relaciones personales al presentarnos y presentar sus pares y adultos del lugar. Sin embargo, y este es un punto central, esas interacciones individuales se esgrimían como pertenencia al grupo de amigos como elemento para concretar la interacción (Garriga Zucal, 2007). De este modo, las experiencias concretas de interacción en los niños revestían una masculinidad cuya virtud era el acceso a otros grupos y a las tramas de relaciones que esos otros grupos podían ofrecer. Así lo significaban al nombrarse "capos" y al mostrar(se) los vínculos que eran capaces de establecer al interior del grupo y más allá del mismo.

Fuller (1997), en su etnografía sobre las identidades masculinas en varones de clase media en Perú, señala que el grupo de pares está constituido por redes de amistad asociadas con la calle. En ese contexto, la masculinidad se define como un estatus a lograr y ciertas cualidades a desarrollar por medio de pruebas que rompen con algunas reglas de los mundos doméstico y público. Para los niños de la "Toma", esas reglas de lo doméstico y lo público por momentos se fusionaban, y la condición de varón estaba asociada al andar en grupos más que a la calle. Claro que el andar "callejeando" hacía que sus vínculos traspasaran el ámbito de las redes familiares y de amistad, pero no atribuía por sí solo la condición de

---

29    Debo aclarar que el diagrama de enlaces presentado aquí muestra los vínculos que yo conocí, lo que Barnes (1987) denomina como "red parcial". Para un análisis antropológico en torno al concepto de red, ver Agier (2011).

ser masculino. El modo que estos niños tenían de andar en la calle y vivir la "toma" era a través de una imbricación entre grupo, amistad y fútbol.

## "Lo conocí en el fútbol": la espacialidad masculina en juego

Los varones pasaban gran parte de su tiempo en los espacios de la cancha y el fútbol, y asistían allí por su cuenta. "Nosotros hacemos fútbol", "nos dirige nuestro entrenador", "tenemos un cole grandote que nos traslada", "vamos a jugar lejos de acá", "competimos para la categoría chica", fueron algunos de sus comentarios. En relación con esto, Elías comentó un enfrentamiento protagonizado con el equipo del "Alto Godoy", uno de los barrios cercanos del lugar:

*"Una vez nosotros le jugamos un partido por dos gaseosas y cuatro paquetes de masitas, y ellos nos habían ganado porque nosotros éramos tres y ellos eran como cinco y todos grandes. Y cuando le pagamos la gaseosa le dijimos, bueno este sábado le jugamos un partido en la cancha nuestra, cuando no tenía el cerco. Le jugamos el partido, vinieron las madres y los pibes, y mi hermano casi se larga a pelear pero no se agarraron porque mi hermano no es de agarrarse a piñas. [...] Ganamos 20 a 12 y no nos pagaron nada" (Registro de campo, 19 de octubre de 2010).*

En la perspectiva de estos niños, hacer fútbol era ante todo, saber ganar y particularmente saber pagar una apuesta. Y cuando eso no se cumplía, los relatos de los niños afirmaban valores de coraje y valentía al interior del grupo. La hazaña de contar la derrota del primer partido tenía como efecto mostrar el coraje de enfrentarse con menos jugadores y con jugadores más grandes en edad, y la valentía por no amedrentarse ante el riesgo de "agarrarse a piñas". La misma valentía que los niños visibilizaron cuando se presentaron con relación a los tiros, asesinatos y enfrentamientos con la policía.

Según Archetti (2003), el fútbol es una expresión de las capacidades y potencialidades masculinas ligadas al dominio y la fuerza. Tal como ha señalado el autor, en nuestro país esas virtudes basadas en el esfuerzo personal, la agilidad y habilidad quedaron asociadas a la niñez. En la jerga futbolística, *la imagen de un "chico" (sin un padre) se considera muy positiva, como una imagen poderosa de libertad y creatividad; mientras que el hecho de ser un "hijo" (con un padre) se define como negativo, como un indicio de subordinación y control. La creatividad en el fútbol argentino siempre estuvo asociada a los jugadores imaginados como "chicos" que nunca van a madurar* (Archetti, 2003: 234). Es interesante notar entonces que el fútbol es uno de los deportes que representa más o menos a los sectores populares de la sociedad argentina en términos de sus practicantes y sus valores. En los relatos de los niños de la "Toma", esa pasión por el fútbol era un símbolo de masculinidad en tanto referenciaba valentía y astucia para jugarlo, y enfrentarse a otros equipos locales o equipos más grandes. Por ese motivo el fútbol referenciaba también una pertenencia que los relacionaba con otros grupos no necesariamente ligados al juego de pelota. Varios de los niños dijeron haber participado del grupo de colaboradores por haber estado haciendo fútbol: "estábamos entrenando allá arriba y vinimos para acá", dijo Elías. "Porque veníamos después de entrenar en la cancha", comentó Yon. Esa vinculación que los niños establecieron entre fútbol-cancha-grupo, también fue representada en los planos que hicieron sobre nuestros recorridos en el barrio.

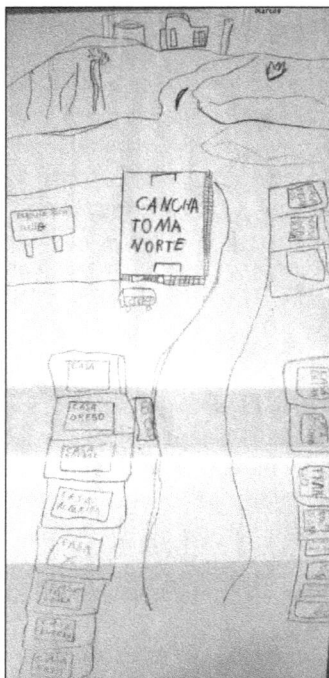

Plano dibujado por Marcos. El mismo aparece en el libro "Conociendo Toma Norte".

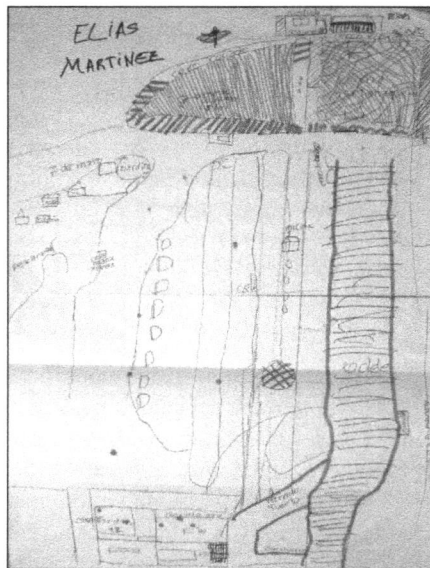

Plano del barrio dibujado por Elías.

Plano del barrio dibu-
jado por Yon y Nico.

Del conjunto de lugares dibujados, tres fueron los que aparecieron sig-
nificativamente destacados: la calle principal, la "barda" y la "canchita".
Ese día, Ruth y Fernanda no participaron del encuentro, sin embargo, éstos
y otros lugares ya habían sido nombrados, fotografiados y recorridos también por las niñas. Y aunque Violeta también sabía de esos lugares, al tomar
la hoja decidió dibujar el plano tal cual lo hizo una de las investigadoras.
Los niños en cambio, en sus mapas destacaron la "barda roja" diferencián-
dola por sus colores rojizos, sus casas y otras identificadas con nombre, una
cancha de fútbol más pequeña en la que también jugaban "un picadito", y
el "puesto de seguridad" arriba de la barda. Sólo dos varones dibujaron sus
escuelas primarias, "el jardín 42" y "la comisaría 18".

En tal caso, estos relatos nuevamente reflejaron esas *tácticas* de apropiación (De Certeau, 2007) analizadas en el capítulo 2, sobre espacios que
no les pertenecían exclusivamente. Esto último puede vincularse con lo que
Massey (1994) llamó *geometría del poder* para enfatizar el carácter político del espacio como producto de acciones, relaciones y prácticas sociales. Esto implica reconocer que la producción del espacio es, en su misma
constitución, un espacio de relaciones de poder. Al referirse entonces a las
identidades de género, lo hace aludiendo a relaciones extendidas en un
espacio sobre la base de negociaciones, conflictos, contienda entre distintos grupos, con intereses materiales y posiciones sociales muy diferentes.

En ese sentido, evoca también un espacio más activo, el espacio como una simultaneidad de historias y una multiplicidad de trayectorias inacabadas y en vías de producción. *Espacio se crea a partir de la inmensa complejidad, la increíble complejidad de la interrelación y la no interrelación, y las redes de relaciones a cualquier escala, desde lo local hasta lo global (…). Al ver el espacio como un momento en la intersección de las relaciones sociales configuradas (en lugar de una dimensión absoluta) significa que no puede ser visto como estático. Además (…) el espacio, por su propia naturaleza, está lleno de fuerza y simbolismo, una compleja red de relaciones de dominación y subordinación, de solidaridad y de cooperación* (Massey, 1994: 265, mi traducción).

En esa coetaneidad de negociaciones y disputas señalada por la autora, los niños colaboradores producían una espacialidad al "andar" no sólo en la puesta en práctica del caminar, sino también en los relatos que dibujaron y que luego incorporaron como "planos" al interior del libro. Así los niños mostraban con relación a las niñas una mayor apropiación de los espacios públicos atribuyéndoles una visibilidad masculina omnipresente. Apropiación que también hacían con sus relatos al dibujarlos, comentarlos y describirlos: el cerco y el arco tenían la inscripción "robados", el asilo fue caracterizado como un espacio que también habían "robado" para su construcción, y las líneas de color verde de la cancha representaba lo opuesto a lo que realmente era en tanto afirmaban "acá tiene que haber césped", "lo pinto de verde", "así tiene que ser", "acá jugamos nosotros". Cuando le preguntamos a los niños sobre aquello que habían dibujado dijeron que se repetía la "canchita", que aparecía en todos lados porque "ahí hacen entrenamiento y juegan a la pelota", y porque "esa cancha es nuestra", afirmó Elías. Tal era la identificación del grupo con la cancha, que al poco tiempo de conocernos algunos niños decidieron contarnos parte de la historia del barrio a través del espacio de la cancha: "ahí antes había una placita", "antes había yuyo acá", "esto era un descampado", "les decimos a los políticos que arreglen la cancha, pero no hacen nada". "Está la cancha, mi casa, la casa de Nico", "yo vivo en frente de la cancha", explicó Pedro.

Lejos de remitir esto a una masculinidad identificada con el deporte –en este caso, el fútbol– como estrategia de despliegue de ciertas virtudes masculinas (Archetti, 2003), lo que estos niños establecían a través de la jerga futbolística era ante todo una virtud masculina de apropiación e interacción del espacio público. Aquella práctica deportiva los identificaba con la cancha, y también con la calle y las "bardas", espacios que solían ocupar y que al mismo tiempo los incluía en una red de relaciones sociales con vecinos, organizaciones e instituciones barriales. A través de la concepción de esos espacios como propios, los niños expresaban su ubicación en las relaciones sociales. Esto era para mis colaboradores otra manera de hacer fútbol.

De hecho, saber o no jugar al fútbol no era condición para hacerse varones. Jorge, por ejemplo, era considerado por sus compañeros "medio madera", y Claudio, "lenteja", haciendo alusión a su condición física, más gordo y grandote que el resto. El mismo Claudio, que se mostraba incómodo ante las bromas de sus compañeros sobre lo apretado de su camiseta y el modo lento de moverse en la cancha, era festejado por el grupo cuando se movía ligeramente entre los bancos y las mesas del comedor, llegando a trepar con astucia una media estructura de cemento afuera del comedor. El mismo Jorge, que corría todo el tiempo por la cancha casi sin tocar la pelota y acataba cada palabra de Elías sobre el juego, era el que improvisaba bromas durante los recorridos causando risas en el grupo. Estas situaciones además de diferenciar las distintas imágenes y conductas contenidas en la noción de masculinidad al interior del grupo, daban cuenta del rasgo distintivo de su masculinidad: el "andar". Los varones movían sus cuerpos por el barrio y ocupaban los espacios públicos con el tacto y la virtuosidad con la que jugaban al fútbol.

En la sección "Lugares" del libro elaborado por el grupo, se muestra y describe la calle "Rode" ubicada por los varones "cerca de la canchita"; el ciber 312 "donde van muchos chicos a jugar a la compu"; el kiosco "la familia"; la garita del colectivo "donde pasa el 1A al frente del comedor"; una cancha de fútbol en la que suelen entrenar los varones con la referencia "hace tres semanas estaba así ahora está muy buena"; el club Maronese ubicado entre "La toma norte II y alto Godoy"; la barda roja "con hermosos colores rojizos" un poco más alejada; algunos techos de casas; la cancha Toma Norte "donde se realizan fiestas del grupo JEO para los niños" y una parte verde de la plaza. Lo que quiero resaltar, entonces, es la idea de que los niños del grupo habitaban los espacios de la calle, la cancha y la "barda" como forma de legitimar su masculinidad expresada en conocimiento, autonomía y jerarquía. El uso de esos espacios y otros alejados del barrio, dependió en buena medida de una *táctica* masculina explícita: los varones eran los "capos" y "genios" por conocer esos lugares más visibles y saber habitarlos corporalmente. En efecto, estos niños habían aprendido a "andar" y, a través de ello, a ocupar espacios y saber participar de relaciones que allí construían. Esto fue lo que posibilitó que dibujaran y comentaran los planos sin dificultad y mucho entusiasmo, así como la oportunidad de establecer redes vinculares.

Según Wolf (1980), el sistema institucional de poderes económicos y políticos de las sociedades complejas, coexiste y se coordina con diversos tipos de *estructuras* no institucionales, intersticiales, suplementarias y paralelas que se adhieren o no a la estructura institucional. Ante una estructura *oficial* de aquellos grupos que acceden al poder económico y político, existe una serie de relaciones sociales que operan al mismo tiempo con funciones específicas que permiten que la estructura opere bien en su totalidad. Para este sistema de poderes, el autor menciona tres estructuras paralelas: parentesco, amistad y patronazgo. En relación con lo que nos ocupa aquí, resulta interesante recuperar esa distinción que el autor establece sobre los tipos de amistad emocional e instrumental, como *proceso metabólico* necesario para el funcionamiento de las instituciones oficiales en el barrio. La primera es una relación entre un *ego* y un *alter* en la que cada uno satisface alguna necesidad emocional del otro. En el caso de la amistad instrumental la misma sobrepasa los límites de los grupos ya existentes e intenta establecer cabezas puentes en nuevos grupos. Lo afectivo sigue siendo importante en la relación, pero con la particularidad que no se limita a *ego* y *alter*, sino que incluye a otras personas (Garriga Zucal, 2007).

En el caso de los niños colaboradores, los vínculos se acercaban más al modelo instrumental desde el momento en que sus relaciones ampliaban el acceso a nuevos contactos. Lo hacían con nosotros y con otros grupos y personas del barrio. Al interactuar con los dirigentes del fútbol, los niños accedían a viajes de traslado en colectivo para jugar en distintos puntos de la ciudad y con otros equipos, y facilitaban su entrada al comedor. Esto significaba para los varones, entre otras cosas, la posibilidad de tener "buenas" pelotas, jugar en "mejores" canchas y asegurarse un plato de comida. Pero como señalé más arriba, las relaciones entre los niños y los dirigentes de la liga de fútbol no se limitaban al juego de pelota y al comedor, también incluía las "fiestas" por el "día del niño" en las que solían dar golosinas, compartir juegos y algunas tortas dulces. Sin embargo, la "copa de leche" y las "fiestas del niño" no eran actividades exclusivas del comedor o la liga de fútbol. Los niños también se vinculaban con el grupo "JEO", y algo de esto era parte de su beneficio. A las clases de apoyo organizadas en la casa solían asistir Ruth y Violeta con mayor frecuencia, y en menor medida los varones. En cierto modo, lo hacían para asegurarse su participación en las "fiestas" organizadas por este grupo. Los vínculos podían ser cortos, lentos o rápidos de acuerdo con los requerimientos tácticos y la intensidad que los propios niños establecían; y sin embargo siempre ponían en funcionamiento esos juegos para una distinción de género. Estos modos de ser masculinos eran construidos por los niños como parte de un *hacer* que definía un *nosotros* y un *ellos* –en los que también estaban incluidas las niñas como expresión de feminización–, a través de relaciones y percepciones asociadas con el grupo y las condiciones de grupalidad. De este modo, formar un grupo de colaboradores y tener un libro, fue otra manera que estos niños tuvieron de exhibirse masculinos.

## El grupo y su "leyenda": otra forma de exhibirse masculinos

Algunas páginas atrás se ven a Yon y Elías estableciendo lazos con nosotros y otros actores sociales del barrio, al presentarnos a sus amigos y al invitarlos a participar de las actividades que habíamos comenzado en el comedor con Fernanda, Ruth y Violeta. Sus lazos de amistad fueron los que permitieron armar el grupo y vincularnos con la gente del lugar. Así conocimos al encargado del comedor, al dirigente de la liga de fútbol, al grupo "JEO", a los referentes de la comisión vecinal, personas y espacios con los cuales estos niños interactuaban muy frecuentemente. Esa red vincular así definida surgía en la manera que tenían estos niños de embarcarse en las actividades barriales y la forma particular de andar *entre varones*. El caminar con otros –incluso entre pares– era para estos niños un *hacer* que le permitía transitar las historias de un lugar y establecer contactos más allá del grupo de amigos.

En el apartado del libro titulado "El grupo comienza su leyenda", la foto que inicia la lectura es el frente del comedor titulado "Comedor Toma Norte" con la descripción: "Ésta es la entrada del comedor donde realizamos nuestro trabajo. Además, aquí se viene a cenar, hacer gimnasia, la escuelita dominical y la copa de leche". Este comentario, además de establecer una diferencia respecto de esos otros en la "Toma", exhibía la relación social que estaba en la base de su existencia como grupo. Además de ser vecinos, compañeros de cena y amigos de fútbol, sus modalidades de hacer grupo y, en términos amplios, la capacidad de *ser con otros* referenciaba un conjunto de valores, ideas y normas ligadas a una masculinidad que estos niños construían y reconstruían en movimiento. Poner en acto esa forma de vincularse en el barrio exigía un juego permanente de construcción y desprendimiento de vínculos, de referencia identitaria y diferenciación grupal. Algo de esto podía leerse en las fotos presentadas en el libro. Además de una referencia individual, las mismas solían tener una descripción grupal como la siguiente: "Bueno en el grupo somos 12. Yon, Nico, Elias, Marcos, [...] Rut, Fernanda, Bioleta, Ale, Pedro. Me gusta mucho el grupo esta re bueno". Las fotos presentaban a los integrantes del grupo, incluido los adultos, y describían en detalle las actividades que realizábamos en cada encuentro: "Fuimos a muchos lugares, hicimos entrevistas y sacamos muchas fotos. Fuimos a la barda, a muchas casas, estamos con maría y yo tomando mates".

Esta grupalidad representada en el libro, no hacía otra cosa que reafirmar esa manera ágil de establecer relaciones con otros de su edad, de diferente sexo y adultos del lugar y de otros lugares como los investigadores que formamos parte de ese nuevo grupo. Las descripciones que aparecen en la sección titulada "Aprendiendo" remiten muy puntualmente a esa grupalidad que los niños conformaron y sostuvieron durante ese tiempo: "Alejandro re-copado dibujando muy entretenido un sábado"; "Investigador/a está escribiendo sobre el lugar de la foto junto a Alex. Está concentrado"; "Mientras tomamos mates trabajamos haciendo los planos del barrio toma norte. A los chicos les gusta jugar al fútbol en la canchita". Para estos niños y para nosotros, el comedor no era sólo el lugar donde se iba comer, se distribuía ropa usada o se ofrecían clases de apoyo y de gimnasia; era el lugar donde también nos juntábamos a trabajar y aprender. Este conjunto de actividades definió al grupo como tal, lo que le permitió a Nico decir "este es nuestro grupo" y a Elías escribir respecto del comedor: "donde muchas cosas hicimos", "donde realizamos nuestro trabajo". Pedro también presentó al grupo a través de las actividades que hacíamos en el barrio: "nuestro trabajo es hacer plano y fotos para que otros puedan conocer".

Para mis colaboradores ser parte del grupo incluía también la tarea de escribir comentarios, dibujar planos, recortar y pegar fotos, usar el grabador para hacer entrevistas a vecinos, recorrer lugares y contar historias del barrio. Como señalé algunos párrafos atrás, la actividad de conocer el barrio, por ejemplo, implicó un andar por lugares con los cuales los varones se relacionaban muy frecuentemente en su cotidianidad barrial: la calle "Rode", la "canchita"; el comedor, el kiosco "La familia"; la garita del colectivo, el club Maronese, la barda roja, el grupo "JEO" y la plaza. Entrar y salir de esos lugares implicó, entre otras cosas, conocer grupos de personas y modos de relacionarse particulares que los niños en tanto varones sabían manejar con mayor facilidad. Algo también logrado con los adultos investigadores.

Al principio era común que los varones y algunos vecinos se refirieran a nosotros como maestros y asociaran nuestro trabajo con la escuela. Y aunque esa identificación escolar se debía en parte a nuestra presentación en el lugar –como equipo de investigación de la universidad– y el trabajo de campo que al mismo tiempo realizábamos en las escuelas; los niños no tardaron en reconocer nuestros nombres, nuestros intereses para integrarnos al grupo que ellos mismos conformaron con el nombre "Conociendo Toma Norte". Con el tiempo, los niños y las niñas ponderaron este nuevo grupo por encima de otros. "Éste es un grupo copado", escribió Nico en el libro. Yon también escribió algo parecido: "Me gusta mucho el grupo esta rebueno". En este sentido, la importancia del diferenciarse de esos otros fue constitutiva de la conformación del "nosotros" como grupo. Y el tener un libro también era una manera de hacerse visibles, de presentarse frente a esos otros y de definirse a sí mismos.

Estos modos de armar grupo a partir de lo que los niños fueron diciendo y haciendo, pueden analizarse siguiendo la definición clásica de Pichon-Rivière respecto de grupo: *conjunto restringido de personas, ligadas entre sí por constantes de tiempo y espacio y articuladas por su mutua representación interna, que se propone en forma explícita o implícita una tarea que constituye su finalidad* (1982: 209). Lo que quiero resaltar con este concepto teórico es la constitución de estos niños resultante de la interacción entre grupos. El hacer juntos que los niños ponderaban en el grupo, no sólo tenía que ver con la tarea que asumimos desde un primer momento. Había allí algo más que simples conexiones o interacciones, estaba la construcción de un "nosotros" que emergía de las tramas vinculares que los trascendían y con las que guardaban una relación de productores y producidos.

Estos niños se identificaban entre sí y con el trabajo de "conocer el barrio", centrándose con la tarea a tal punto que solían esperarnos para compartir actividades que resultaban de su interés. Así compartí una variada gama de intereses y actividades como caminar por el barrio y otras "tomas" aledañas, escalar "bardas", presenciar partidos de fútbol, participar en clases de apoyo, festejos barriales como el día del niño y el día de la familia, ir a la escuela, a plazas y ferias de verduras, concurrir a reuniones de escuelas, viajar hasta otras canchas cercanas a la ruta, sacar fotos, grabar conversaciones entre nosotros y con vecinos, mirar partidos de fútbol, atajar una pelota, gritar algunos goles, sufrir el calor, la tierra y el viento, aprenderme los nombres de nuestros colaboradores, visitar una iglesia y una comisaría, viajar en colectivo y ver dibujar sus mapas del lugar, etc. Esa disposición de trabajar en conjunto al mismo tiempo que establecía modos y lenguajes comunes, generaba un aprendizaje sobre nuestros roles, nuestros vínculos y la vida social de estos niños.

Resulta importante enfatizar –siguiendo a Bourdieu (1997)– que estos niños movilizaban alrededor la participación de este grupo uno de los mecanismos de reproducción cotidiana y social. En el contexto del barrio, saber andar en grupo constituía un recurso válido para la lucha por el *capital*, cuya acumulación era una vía de acceso fundamental para la vida en la "Toma". Así cobra sentido la valoración de Yon al decir "Es un grupo", revalorizado por sus compañeros en el diálogo de la viñeta con el que inicio el capítulo. De aquella experiencia grupal emergió el "nosotros", y al mismo tiempo una vivencia en la que los varones exhibieron su masculinidad al saber conformar un grupo, identificarse con sus actividades y producir un libro. La particularidad del grupo que los definía como "leyenda" establecía relaciones personales a través de esa señal distintiva de la grupalidad, relaciones que en muchos casos resolvían las necesidades de la vida cotidiana (como saber caminar con perros y moverse en el barrio o conseguir una ayuda escolar y una copa de leche), sino que además favorecía el despliegue de un conjunto de prácticas y discursos que construían el espacio de grupo para visibilizar las interacciones y los procedimientos de diferenciación que los niños establecían en sus relaciones como condición de masculinidad.

***

Al detenernos en las relaciones de grupalidad en los niños, vimos también un principio distintivo predominantemente masculino. Allí emergió la centralidad de la categoría nativa "grupo" tanto en el contexto del barrio como en la vida cotidiana de estos niños. Los vínculos que estos niños desarrollaban en su cotidianidad no remitían solamente a vínculos uno a uno, a intercambios materiales o simbólicos, sino que se constituían en vínculos en contexto de grupo (grupo de fútbol, grupo JEO, grupo comedor, grupo de colaboradores). Ese modo de relacionarse constituía un complejo bien que reunía saberes y experiencias que permitía y estimulaba las relaciones de género dentro y fuera del grupo. Y lo hacían estando en la calle, la cancha y los distintos grupos barriales. En esos espacios los niños podían socializarse en la medida que adquirían los recursos del coraje para enfrentar un partido de fútbol, la requisa de la policía o los tiros en el barrio; y también la habilidad para conseguir la copa de leche, la comida, las pelotas, los viajes, "fiestas" o paseos en auto. Todo esto lo hacían en la medida que tenían mayor predisposición a interactuar, intercambiar, negociar y establecer nuevos contactos. La pertenencia social se torna un elemento relevante en este punto para lucir la vida política y organizativa de estos barrios populares que rodean la ciudad de Neuquén. Allí se despliega una diversidad de iniciativas de tipo comunitario para ayudar a levantar la vivienda, acceder a los servicios públicos, conseguir la comida y ayudar a los niños y las niñas en la tarea escolar. En el desarrollo de este trabajo, hemos mostrado que en la mayoría de estos espacios se intenta ofrecer una propuesta para que niños y niñas realicen actividades ligadas con lo escolar, el esparcimiento y la religión. En contextos como los que estoy describiendo, las tramas vinculares se convierten en una particularidad distintiva de los sectores populares en la Argentina contemporánea.

Lo anterior no nos exime de decir que también las niñas con las que me vinculé tenían esos conocimientos de grupalidad, de hecho, sabían cómo hacerlo, pero en este caso no era un principio de distinción de género. Sus experiencias femeninas pasaban en relación con estos procesos, aunque con mayor énfasis con procesos en los espacios de la casa, el apoyo escolar, el grupo de amigas y conversaciones sobre noviazgos. En consecuencia, diremos provisoriamente que existía de parte de los niños una identificación niño-grupo, que podría pensarse incluso como algo más que una identificación, donde el saber andar en grupo era una condición para ser considerado varón en el contexto del grupo de pares y adultos del barrio. Un principio masculino dado en la acción de hacer y andar en grupo con otros, incluso niñas y adultos investigadores. Nuevamente lo importante es advertir que en los lazos sociales que estos niños establecían, mostraban algo de su identidad como varones de la "toma".

# Conclusiones

Este libro se inició con el objetivo de mostrar la importancia de incorporar el análisis de las identificaciones masculinas a la comprensión de los procesos de socialización que se encarnan en la vida cotidiana de los sujetos. Sin dejar de lado la posición socioeconómica y la edad presente en los niños y las niñas, trabajé sobre las relaciones que éstos establecían con sus pares y adultos en el barrio, y las cuestiones de sexualidad que esas relaciones definían. Esto me permitió acercar una comprensión más profunda respecto a los actuales procesos de socialización agenciados en contextos urbanos, sobre la base de una investigación centrada en el decir y hacer cotidiano de los niños y niñas. Es desde aquí que el interés en la vida barrial cobró importancia, básicamente al asumir que no era posible entender ninguno de los procesos sociales y mucho menos educativo, sin comprender el entorno en el que estos actores participaban de manera activa.

En ese sentido, en el capítulo 1 mostré aquellos acontecimientos cotidianos constitutivos de la vida de las personas y de los niños y las niñas en particular, condicionados por las circunstancias particulares y las condiciones de desigualdad urbana en la ciudad de Neuquén. Elegir contar nuestro ingreso colectivo al lugar como investigadores implicó dar cuenta del modo en que las relaciones sociales se establecían en la "Toma" y la manera en que esas relaciones iban produciendo y reproduciendo construcciones del lugar.

En ese "andar" por las escuelas y los barrios fue que me vinculé con el grupo de niños y niñas colaboradores, en la medida que ellos mismos fueron anudando simultáneamente espacios, tiempos y relaciones a través del caminar y la grupalidad que intercambiaban con otras personas, organizaciones e instituciones del lugar. Esto me llevó a poner de relieve algunas situaciones individuales y colectivas, así como la red de vínculos establecida por los niños y las niñas, como una forma de comprender el modo en que estos sujetos vivían allí. Llegados a este punto, en los capítulos siguientes mostré que tampoco era posible entender esa trama barrial en las que participaban mis colaboradores, sin comprender los procesos sociales y educativos que formaban parte de la cotidianidad de ese contexto.

En el capítulo 2, las jornadas destinadas a caminar y recorrer lugares predispusieron un marco distinto en donde poder observar esos procesos de socialización: en las interacciones del caminar las calles, al trepar y bajar una "barda", en el interés de participar del grupo, en las formas de estar en las fiestas barriales y en el modo de caminar con perros. En esa cotidianidad estos niños ponían en juego una serie de prácticas y sentidos masculinos a través de los cuales desplegaban aprendizajes y estrategias sobre cómo usar la calle, recorrer muchos lugares y conocer muchas historias a la vez, proteger a los "otros" al caminar, tener pasión por el fútbol y saber relacionarse con una variedad de instituciones y actores barriales. Por lo tanto, esos aprendizajes no estaban meramente situados en la práctica –como si se tratara de algún proceso independiente realizable, localizado en algún lado–, sino que eran parte integral de la práctica social por la que se integraban al flujo de la vida local (Lave y Wanger, 1991). Lo que pretendo advertir con esto es que en las condiciones estructurales socioeconómicas de la "Toma" ligadas a la pobreza, la precariedad y la marginación, los niños promovían a través de las nociones de masculinidad una forma de sobrevivir y reproducirse.

"Andar todo el día" refería a una cuestión temporal y sobre todo a movimiento permanente, atributo valorado entre los varones para construir autonomía, valentía, dominio, fuerza y protección. Estos valores y actitudes considerados aceptables según sus parámetros para vivir en "la Toma" y en la ciudad, establecían una jerarquía respecto de otros al autoafirmarse "capos" o "genios" por conocer lugares y saber vincularse con diferentes actores sociales. Esto último implica reconocer al menos dos cosas: por un lado, que la construcción de esa masculinidad era producida temporalmente por el hecho de constituirse en un proceso de apropiación de espacios que, como ya señalé, no les pertenecían absolutamente; por el otro, la dominación relativa de esa masculinidad. De hecho, esa construcción masculina no era hegemónica ni siquiera al interior del propio grupo. Lo que compartían todos estos niños, aun cuando establecían esas jerarquías, era el *habitus* con el que clasificaban y valoraban como positivo la práctica del "andar" para mostrar(se) masculinos al saber qué decir y qué hacer en temas vinculados con perros, muerte y sexo, por ejemplo. La particularidad de los niños era hacer de esa práctica una marca de identificación y diferenciación al mismo tiempo. De esta manera, los niños ofrecieron otra perspectiva a la presencia infantil en las calles de la ciudad como un "problema". En contra de las perspectivas pesimistas de los adultos, los diferentes usos de la calle aparecieron como espacios importantes y de vehículos para la construcción de género.

En esta línea, considero que un aspecto a seguir indagando se refiere a las relaciones entre esas formas de hacerse varones al caminar y los espacios de trabajo en los que estos niños obtenían beneficios económicos. Ese "andar" es lo que le permitió a Yony indicarnos un pozo en una parte de la barda que no alcanzamos a distinguir, pero que él referenció como trabajo no pago a pesar de haberlo cavado con su hermano. Mirar el pozo que habían hecho Yony y su hermano nos ponía ante una relación entre personas y formas de relacionarse en ese contexto y, en este caso, formas de pautar un trabajo. Ese saber "andar" es lo que le permitió también a Jorge, algún tiempo después, ganarse unas monedas de limpiavidrios en una calle céntrica de la ciudad. No sólo por conocer el lugar y saber habitarlo corporalmente, sino también por el mundo de relaciones que establecía allí y que le permitía hacer aquel trabajo.

Procesos como los que acabo de describir reafirman la noción de que los niños y las niñas no son sujetos pasivos sometidos sin más a las acciones de los adultos y a las coerciones estructurales e ideológicas y que reproducen, a partir de sus prácticas cotidianas, condiciones de dominación. En el capítulo 3, mostré el modo en que las relaciones y percepciones asociadas al robo establecían modos constitutivos de socialización e identificación en la vida de estos niños. Allí, el juego de la masculinidad era exhibido en un afuera –el barrio y la escuela, por ejemplo– para resaltar un saber "escapar", "picar rápido", "tener coraje" y no ser "zapato". Un prestigio masculino dado en la acción de robar aquello que, según sus protagonistas, se podía robar, como las películas de la feria o los libros de la escuela. Este proceso, que asumía saberes y formas de ser particularmente masculinos, permitió distinguir valores y actitudes considerados aceptables según sus parámetros, que terminaron revelando prácticas que igualaron a Alejandro con Elías y Nicolás, al mismo tiempo que lo distanciaron del grupo. La importancia de exhibir formas de masculinidad requería un aprendizaje por parte de sus poseedores, en cuanto internalización de valores y actitudes que regían los vínculos dentro del grupo, algo que no estuvo presente en el robo de Alejandro.

De esta manera, los distintos modos de actuar que pueden presentarse, por ejemplo, en sectores populares no deben ser analizados en términos de irracionalidad, anomia o falla moral, sino como modos alternativos de socialización en los que se pone en juego una serie de prácticas y sentidos de género que permiten integrarse al flujo de la vida social del barrio y la ciudad. Llegados a este punto, podría entenderse que existió por parte de los niños una identificación "varón-chorro", pensada incluso como algo más que una identificación, donde hacer uso de ese capital sería la condición para ser considerado masculino en el contexto del grupo y el barrio. Esa diversidad y complementariedad de conocimientos, habilidades, intereses y vínculos que los niños desplegaban a través del robo eran vitales para enfrentar los cambios económicos y los procesos históricos presentes en sus contextos.

Reconocer, entonces, a estos niños como agentes que construyen relaciones y asignan sentidos masculinos a través de robo nos lleva a replantearnos las maneras en que reaccionamos como adultos –docentes, investigadores, directivos, responsables o referentes– frente a estas prácticas, muchas veces descalificadas por nuestro sentido común y el ámbito académico. No pretendo decir con esto que todos los niños de la "Toma" construyen sus modos de ser masculinos en relación con el robo, y tampoco ponderar estas prácticas como legítimas para nuestros mundos cotidianos. Evitando el riesgo de la sobreexotización de la alteridad descrita por Míguez (2008), señalo que la particularidad del objeto aquí reconstruido es que estos criterios de vinculación y sentido social han emergido de las relaciones de un grupo específico de niños dependientes de las configuraciones y tramas de poder en la que se inscriben. Lo que digo es más complejo: una concepción ideológica y moral acerca del robo asociada a la delincuencia nos llevará a perder de vista en estos niños una de las formas que tienen de aprender en el grupo de pares y sus modos específicos de construir significados de infancia. El punto es si estamos dispuestos a dialogar con nociones y valores como los expuestos aquí, y de hacerlo, cómo hacerlo, en la medida que ingresan para cuestionar modos, normas y valores legítimos.

El conjunto de estas prácticas y sentidos, nos corre de antemano del plano de la dominación y nos lleva a revisar el análisis de la socialización como proceso unidireccional que otorga un rol activo solamente a la figura del adulto. Al contrario de esta versión un tanto esquemática de la socialización, este libro muestra la compleja relación entre niños y adultos, y el carácter interdependiente del proceso de socialización (Elias, 1998) en la medida en que los aprendizajes ligados al caminar y al "choreo" constituían modos de agruparse como niños varones para saber establecer vínculos entre sí y con otros.

Identificaciones apareció, entonces, como un concepto relacional capaz de dar cuenta de esa masculinidad que estaba recortando. La manera que tenían estos niños de referir su participación en la vida barrial refería, más que a identidades, a identificaciones –circunstancias, estados, prácticas– asociadas a una masculinidad que se deslizaban a través del tiempo y se transformaban de acuerdo a los contextos de grupo. Estos niños al caminar se vinculaban con muchos lugares, situaciones o eventos barriales cuya participación eventual establecía vínculos particulares –con el dirigente de la liga de fútbol, el presidente de la comisión vecinal, las mujeres del grupo de jóvenes, las niñas y los adultos investigadores– al mismo tiempo que reafirmaban su masculinidad. Ese saber "andar" implicaba para estos niños un conocimiento y una habilidad de saber cuándo, dónde y cómo relacionarse con pares y adultos que podían ser referentes, vecinos e incluso disputar un mismo espacio barrial.

En consecuencia, no fue menor advertir en el capítulo 4 la interdependencia de la experiencia de estos niños con esos otros grupos –la liga de fútbol, el comedor comunitario, el grupo "JEO", la comisión vecinal y el grupo de colaboradores– para mostrar esa masculinidad de la grupalidad como una dimensión constitutiva de sus experiencias cotidianas. Esa acción los integraba en un sinnúmero de relaciones con otros niños varones, mujeres y adultos con los cuales establecían intercambios recíprocos sustentados en la masculinidad. En la medida que estos niños tenían mayor predisposición a interactuar, intercambiar, negociar y establecer nuevos contactos podían participar de partidos de fútbol, de fiestas, de meriendas, de clases de apoyo, obtener pelotas, viajes o paseos en auto por la ciudad, e incluso conseguir útiles, cámaras y grabadores.

En ese tejido, el conocimiento vincular –en especial, las redes con otros grupos– parecían ocupar un papel específico en los caminos transitados por los niños para obtener beneficios y circular de un lado a otro, desafiando fronteras organizacionales, religiosas e incluso políticas. O, para decirlo de otra manera, estos niños establecían relaciones personales con distintos grupos barriales sin acudir a lealtades invisibles, más que a sus ganas e intereses de estar allí.

Según Pichon-Rivière (1982), el grupo como red vincular se estructura sobre la base de una *constelación de necesidades, objetivos y tarea*. Ese objetivo, dirá el autor, es definido desde la necesidad, aquello de lo que se carece y hacia lo que se tiende. Es por esto que Pichon-Rivière sostiene que no hay vínculo y grupo sin tarea, ya que en toda relación se establece un sentido de operatividad logrado o no. Parafraseando al autor, podría decir que en el caso de estos niños, se agrupaban por la necesidad de satisfacer y resolver cuestiones de su mundo social. La especificidad de esa necesidad en los niños estaba dada por el sentimiento de integrar un grupo al identificarse con los acontecimientos y vicisitudes del mismo para establecer una dialéctica o interjuego con otros sujetos.

En ese proceso, la clasificación teórica de *capital simbólico* (Bourdieu, 1997) me resultó operativa con relación al punto de vista de mis colaboradores interlocutores y del punto de vista analítico. En mi estudio con niños, las prácticas del caminar, el "chorear" y andar en grupos se constituyeron en marcos que delimitan y clasifican acciones válidas y no válidas en el barrio y al interior del grupo. Estos esquemas de clasificación tenían un valor legítimo en la vida de los varones plausibles de homologar con otras propiedades, otros capitales definidos en el campo. Esas prácticas convertidas en *capital simbólico* eran, entonces, propiedades cuya validez tenía sentido para estos niños en su posición socioeconómica y, fundamentalmente, en sus procesos de identificación con la masculinidad.

A través de esos procesos identificatorios, estos niños establecían nexos con otros actores sociales (ubicados en situaciones diversas y distantes del mapa social) que podían poseer o no este *capital*, pero que dándole una validez a su accionar lo intercambian por otro que ellos sí poseían (Garriga Zucal, 2007). Así lo hicieron con los adultos investigadores al intercambiar roles de colaboradores por una nueva identificación grupal. Las masculinidades así planteadas, complejizan aquellas generalizaciones frecuentes sobre los procesos de socialización en la medida que las prácticas y discursos del "andar" en grupo eran acciones sociales provistas de sentidos masculinos construidos como sobrevivencia o estrategia cotidiana.

Esta masculinidad ejercida por los niños trasciende la cuestión de la dominación sobre otros niños y sobre las mujeres en tanto adquiere particularidad en la grupalidad en donde, como ocurrió con el grupo "Conociendo Toma Norte", suelen incluirse también a niñas y adultos. Como intenté mostrar, esas identificaciones constituían algo más que roles y estereotipos de género que alimentaban esa mística de la masculinidad caracterizada por el vigor y la fuerza, el control sobre el dolor físico y el ocultamiento de las emociones, el riesgo y la tendencia a la competencia y la conquista; en síntesis, una idea de cierta *superioridad* que haría inevitable la *dominación masculina*. En el caso de estos niños, esas identificaciones explicitaban procesos sobre maneras de relacionarse y armar grupos como experiencias de vida que se adecuaban completamente al arquetipo viril, pero que sobre todo tendían a mostrar la capacidad de la grupalidad. Un aspecto esencial para vivir en la "Toma" que no remitía a un saber estar en grupo –aquellas clásicas *galladas* que describieron hace tiempo Muñoz y Pachón en el contexto colombiano–, sino fundamentalmente a un saber andar en grupo para establecer relaciones al interior del mismo y con otros grupos del barrio. Lo que estos niños movilizaban alrededor de esos aprendizajes masculinos eran algunos de sus mecanismos de reproducción cotidiana y social.

Esa reproducción social no sólo remitía a procesos a través de los cuales los varones utilizaban la masculinidad para mantener y reproducir las condiciones de dominación, en esta investigación la masculinidad fue exhibida fundamentalmente como producción de conocimiento social y como experiencia cotidiana que los niños construían en el marco complejo de relaciones de clase y género de la que formaban parte. Para decirlo de otro modo, podemos afirmar la tesis de que estos niños aprendían a ser varones en la medida en que se agrupaban como niños varones y establecían vínculos y redes sociales con otros grupos del barrio y más allá del barrio, logrando con ello establecer un modo de socialización cuya particularidad era el "andar" como mecanismo de sobrevivencia cotidiana y estrategias para mantener o mejorar su posición social en el sistema de relaciones de clase y género. Allí ponían en juego conocimientos, habilidades, intereses y vínculos, cuya diversidad y complementariedad eran vitales para enfrentar los cambios económicos y los procesos históricos presentes en sus contextos.

Me interesa aquí finalmente destacar que, aunque referida a un espacio social específico, el noreste de la ciudad neuquina, la presente investigación sobre los procesos identificatorios con la masculinidad como estrategia de aprendizajes y reproducción social aspira a realizar aportes no solo en términos de comprensión de esa realidad particular, sino contribuyendo a esclarecer la lógica de producción y reproducción de las prácticas masculinas y los procesos educativos. Reconocer ese sistema de valores y atributos masculinos, ayuda a comprender mejor los modos de organización y socialización entre pares desplegados en las dinámicas del barrio válidas para este grupo de niños y niñas. Esta perspectiva permite entender una idea de socialización que alcanza todo lo que rodea al sujeto y todo el período de vida para hacer, producir y reproducir sus condiciones de existencia en contextos de desigualdad social.

Con ello, intento señalar la importancia de incorporar a los análisis del campo de la investigación educativa, la pregunta por nuestras formas cotidianas de caminar junto a otros -sean pares, adultos o animales como perros- las prácticas de robo y las formas de hacer grupos. A través de su estudio podemos resignar nuestra excesiva sabiduría prescriptiva y comprender algo respecto de los actuales procesos de socialización. En este libro, interrogar esas prácticas culturales permitió advertir el conjunto de expectativas y valores sociales ligados a lo masculino, constitutivo de un sistema de relaciones que atraviesa los distintos órdenes de la vida en la que participan niños y niñas, incluida la escuela y la multiplicidad de actores que acompañamos procesos de formación.

# Bibliografía

Abate Daga, Miriam (1986). Maestras de la Patagonia: transformaciones en la escuela, espacios femeninos y estilos de vida en la zona petrolera (Plaza. Huincul y Cutral-Có, 1996). Tesis de Maestría CEA-UNC. Biblioteca Centro de Estudios Avanzados.

Agier, Michel (2011). *Antropologia da cidade. Lugares, situações, movimentos.* São Paulo: Terceiro Nome.

Alabarces, Pablo; Coelho, Ramiro; Garriga Zucal, José; Guindi, Betina; Lobos, Andrea; Moreira, María Verónica; Sanguinetti, Juan; Szrabsteni, Ángel (2000). "Aguante" y represión: Fútbol, violencia y política en la Argentina (pp. 211-230). En P. Alabarces (org.) *Peligro de gol: estudios sobre deporte y sociedad en América Latina.* Buenos Aires: Clacso.

Archetti, Eduardo [1999] (2003). *Masculinidades. Fútbol, tango y polo en la argentina.* Buenos Aires: Antropofagia.

Badaró, Máximo (2009). *Militares o ciudadanos. La formación de los oficiales del Ejército Argentino.* Buenos Aires: Prometeo.

Barnes, Janes (1987). Redes sociais e processo político (pp. 159-193). En Bela Feldman-Bianco (org.) *Antropologia das sociedades contemporâneas. Métodos.* São Paulo: Global.

Batallán, Graciela y Neufeld, María Rosa (coords.) (2011). *Discusiones sobre infancia y adolescencia. Niños y jóvenes, dentro y fuera de la escuela.* Buenos Aires: Biblos.

Bourdieu, Pierre (1987). *Cosas dichas.* Barcelona: Gedisa.

Bourdieu, Pierre (1991). *El Sentido Práctico.* Madrid: Taurus.

Bourdieu, Pierre y Wacquant, Loic (1995). *Respuestas. Por una antropología reflexiva.* México: Grijalbo.

Bourdieu, Pierre (1997). *Razones prácticas. Sobre la teoría de la acción.* Barcelona: Anagrama.

Bourdieu, Pierre (1998). *La dominación masculina.* Barcelona: Anagrama.

Bourgois, Philippe (2010). *En busca de respeto. Vendiendo crack en Harlem.* Buenos Aires: Siglo XXI.

Carli, Sandra (1999). La infancia como construcción social (pp. 11-39). En S. Carli (comp.) *De la familia a la escuela. Infancia, socialización y subjetividad.* Buenos Aires: Santillana.

Carli, Sandra (2006). Notas para pensar la infancia en la Argentina (1983-2001). Figuras de la historia reciente (pp. 19-54). En S. Carli (comp.) *La cuestión de la infancia. Entre la escuela, la calle y el shopping.* Buenos Aires: Paidós.

Christensen, Pía y O'Brien, Margaret (eds.) (2003). *Children in the City: Home, Neighborhood, and Community.* Londres: Routledge.

Cohn, Clarice (2005). *Antropologia da criança*. Rio de Janeiro: Jorge Zahar.

Connell, Robert W. (1997). La organización social de la masculinidad (pp. 31-48). En Valdés, T. y Olavarría, J. (eds.) *Masculinidad/es. Poder y crisis*, Santiago de Chile, ISIS-FLACSO Ediciones de Mujeres, N° 24.

Connell, Robert W. (2003). *Masculinidades*. México: Universidad Nacional Autónoma de México.

Cornwall, Andrea y Lindisfarne, Nancy (eds.) (1994). *Dislocating Masculinity: Comparative Ethnographies*. Londres: Routledge.

Cot, Jean Pierre y Mounier, Jean Pierre (1978). La violencia simbólica y la teoría de la práctica (pp. 293-301). En Cot, Jean P. y Mounier, Jean P., *Sociología política*. Barcelona: Blume.

Cragnolino, Elisa (2006). Estrategias educativas en familias del norte cordobés. *Cuadernos de la Facultad de Humanidades y Ciencias Sociales - Universidad Nacional de Jujuy*, 30, 69-84.

Cuche, Denys (2002). *La noción de cultura en las ciencias sociales*. Buenos Aires: Nueva Visión.

De Certeau, Michel (2007). *La invención de lo cotidiano. I Artes de hacer*. México: Universidad Iberoamericana.

Dubberley, W.S. (1995). El sentido del humor como resistencia (pp. 91-112). En Woods, P. y Hammersley, M. (comp.) *Género, cultura y etnia en la escuela. Informes etnográficos*. Barcelona: Paidós.

Elias, Norbert (1990). *La sociedad de los individuos. Ensayos*. Barcelona: Península.

Elias, Norbert (1998). *La civilización de los padres y otros ensayos*. Bogotá: Norma.

Ezpeleta, Justa y Rockwell, Elsie (1985). Escuela y clases subalternas. En *Educación y clases subalternas en América Latina*. México: IPN, DIE.

Favaro, Orietta (2002). Neuquén. La sociedad y el conflicto: ¿viejos actores y nuevas prácticas sociales?. *Realidad Económica*, 185, 110-121.

Favaro, Orietta (2005). El modelo productivo de provincia y la política neuquina. En Favaro, Orietta (Coord.) *Sujetos sociales y política. Historia reciente de la norpatagonia argentina*. Buenos Aires: La Colmena.

Frederic, Sabina (2013). *Las trampas del pasado: las fuerzas armadas y su integración al estado democrático en Argentina*. Buenos Aires: Fondo de Cultura Económica.

Fuller, Norma (1997). *Identidades masculinas. Varones de clase media en el Perú*. Lima: Fondo Editorial Pontificia Universidad Católica del Perú.

Gandulfo, Carolina (2007). *Entiendo pero no hablo. El guaraní "acorrentinado" en una escuela rural: usos y significaciones*. Buenos Aires: Antropofagia.

Garriga Zucal, José (2007). *Haciendo amigos a las piñas. Violencia y redes sociales de una hinchada de fútbol*. Buenos Aires: Prometeo.

Geertz, Clifford [1973] (1995). Juego profundo: notas sobre la riña de gallos en Bali (pp. 339-372). En C. Geertz, *La interpretación de las culturas*. Barcelona: Gedisa.

Gilmore, David (1994). *Hacerse hombre: concepciones culturales de la masculinidad*. Barcelona: Paidós.

Goffman, Erving (2008). *Estigma. La identidad deteriorada*. Buenos Aires: Amorrortu.

Guber, Rosana (1991). *El salvaje metropolitano*. Buenos Aires: Legasa.

Guber, Rosana (2001). *La etnografía. Método, campo y reflexividad*. Bogotá: Norma.

Guber, Rosana (2005). Eduardo P. Archetti: 1943-2005. *Intersecciones en Antropología*, 6, 3-5.

Guber, Rosana (comp.) (2014). *Prácticas etnográficas. Ejercicios de reflexividad de antropólogas de campo*. Buenos Aires: Miño y Dávila.

Gutmann, Matthew (2002). Las mujeres y la negociación con la masculinidad. *Nueva Antropología*, 18 (61), 99-116.

Hecht, Ana Carolina (2009). Niñez y desplazamiento lingüístico. Reflexiones acerca del papel del habla en la socialización de los niños tobas de Buenos Aires. *Anthropologica*, 27, 25-45.

Hecht, Ana Carolina y García, Mariana (2010). Categorías étnicas. Un estudio con niños y niñas de un barrio indígena. *Revista Latinoamericana de Ciencias Sociales, Niñez y Juventud*, 8 (2), 981-993.

Hirschfeld, Lawrence A. (2002). Why Don't Anthropologists Like Children. *American anthropologist*, 104 (2), 611-627.

Holloway, Sarah y Valentine, Gill (eds.) (2000). *Children's Geographies: Playing, Living, Learning*. Londres: Routledge.

James, Allison y Prout, Alan (eds.) (1997). *Constructing and Reconstructing Contemporary Childhood. Contemporary Issues in the Sociological Study of Childhood*. Londres: Routledge-Falmer.

Jaramillo, Jesús (2015). "Este es chorro": identificaciones masculinas y aprendizajes infantiles en contextos urbanos de argentina. *Antípoda, Revista de Antropología y Arqueología*, 23, 113-134.

Jaramillo, Jesús (2016). "Andar todo el día": construcciones de género de niños y niñas en espacios urbanos. *La Aljaba, segunda época. Revista de Estudios de la Mujer*, 20, 167-186.

Lave, Jean y Wenger (1991). *Etienne. Situated learning. Legitimate peripheral participation*. Cambridge: Cambridge University Press.

Lee Vergunst, Jo y Ingold, Tim (2006). Fieldwork on Foot: Perceiving, Routing, Socializing. En Coleman, S. y Collins, P. (eds.), *Locating the Field: Space, Place and Context in Anthropology*. New York: Berg.

Lefebvre, Henri [1974] (1991). *The Production of Space*. Oxford: Basil Blackwell.

Lemay, Marie (2009). Reseña de "Anthropologie de l'espace" de Marion Segaud. *Centro-h*, 3, 121-122.

Ingold, Tim y Lee Vergunst, Jo (2008). Intoduction (pp. 1-20). En Ingold, T. y Lee Vergunst, J. (eds.) *Ways of walking. Ethonography and practice on food*. Inglaterra: Ashgate.

Massey, Doreen (1994). *Space, place and gender*. Minneapolis: University of Minnesota Press.

Mauss, Marcel (1979). *Sociología y antropología*. Madrid: Tecnos.

Miguez, Daniel (2008). *Delito y cultura. Los códigos de la ilegalidad en la juventud marginal urbana*. Buenos Aires: Biblos.

Milstein, Diana y Mendes, Héctor (1999). *La escuela en el cuerpo. Estudios sobre el orden escolar y la construcción social de los alumnos en escuelas primarias*. Madrid: Miño y Dávila.

Milstein, Diana (2006). Y los niños, ¿por qué no? Algunas reflexiones sobre un trabajo de campo con niños. *Revista Avá*, 11, 49-59.

Milstein, Diana (2008). Conversaciones y percepciones de niños y niñas en las narrativas antropológicas. *Sociedade e Cultura*, 1 (11), 33-40.

Milstein, Diana (2009). *La nación en la escuela. Viejas y nuevas tensiones políticas*. Buenos Aires: Miño y Dávila.

Milstein, Diana; Clemente, Angeles; Dantas-Whitney, María; Guerrero, Alba Luci; Higgins, Michael (2001). *Encuentros etnográficos con niñ@s y adolescentes. Entre tiempos y espacios compartidos*. Buenos Aires: Miño y Dávila.

Milstein, Diana; Pujó, María Teresa y Jaramillo, Jesús (2011). "A mí... no me lo cuentan. Lo veo". Experiencia y reflexividad en una etnografía con niñ@s. En *II Simposio Internacional Encuentros etnográficos con niñas, niños, adolescentes y jóvenes en contextos educativos*. Bogotá: Universidad de La Salle.

Milstein, Diana (2013). Cuerpos que se desplazan y lugares que se hacen. Experiencias etnográficas con niños en dos barrios populares de la Argentina. *Sociedade e Cultura* 16 (1), 69-80.

Molina, Guadalupe (2013). *Género y sexualidades entre estudiantes secundarios. Un estudio etnográfico en escuelas cordobesas*. Buenos Aires: Miño y Dávila.

Montesinos, María Paula y Pagano, Ana (2010). Chicos y chicas en situación de calle y procesos de democratización educativa. *Revista Latinoamericana en Ciencias Sociales, Niñez y Juventud*, 8 (1), 293-310.

Montesinos, María Paula y Pagano, Ana (2011). Chicos y chicas en situación de calle y su relación con las políticas y las tramas institucionales (pp. 163-177). En Batallán, G. y Neufeld, M. R. (coord.) *Discusiones sobre infancia y adolescencia. Niños y jóvenes, dentro y fuera de la escuela*. Buenos Aires, Biblos.

Muñoz, Cecilia y Pachón, Ximena (1980). *Gamines. Testimonios*. Bogotá: Carlos Valerio.

Nespor, Jan (1997). *Tangled up in school*. New Jersey: Lawrence Erlbaum Associates.

Novaro, Gabriela (coord.) (2011). *La interculturalidad en debate. Experiencias formativas y procesos de identificación en niños indígenas y migrantes*. Buenos Aires: Biblos.

Noya, Norma y Gerez, Leticia (2010). Desarrollo de la ciudad de Neuquén. Diagnóstico y perspectivas futuras de acuerdo con la gestión de gobierno local [en línea]. Disponible en: [http://www.fceco.uner.edu.ar/archivos/M2-05-Noya-Gerez.pdf].

Padawer, Ana (2010). Tiempo de estudiar, tiempo de trabajar: la conceptualización de la infancia y la participación de los niños en la vida productiva como experiencia formativa. *Horizontes Antropológicos*, 16 (34), 349-375.

Perren, Joaquín (2010). Estructura urbana, mercado laboral y migraciones. Una aproximación al fenómeno de la segregación en una ciudad de la Patagonia (Neuquén: 1960-1990). *Miradas en Movimiento* [en línea] septiembre 2010, vol. IV. Disponible en: [http://espaciodeestudiosmigratorios.org/23].

Pichon-Rivière, Enrique (1982). *El proceso grupal. Del psicoanálisis a la psicología social (I)*. Buenos Aires: Nueva Visión.

Pinilla Muñoz, David (2012). *Masculinidades: un acercamiento a los grupos de hombres por la igualdad en el estado español*. Tesina de Master. Facultad de Ciencias Sociales y del Trabajo, Universidad de Zaragoza. 31 de agosto de 2014. Disponible en: [http://www.joaquimmontaner.net/].

Pires, Flavia (2010). O que as crianças podem fazer pela antropologia?. *Horizontes Antropológicos*, 16 (34), 137-157.

Prout, Alan y James, Allison (1997). A New Paradigm for the Sociology of Childhood? Provenance, Promise and Problems. En James, A. y Prout, A. (eds.) *Constructing and Reconstructing Contemporary Childhood. Contemporary Issues in the Sociological Study of Childhood*. Londres: Routledge-Falmer.

Quiroga, Ana (1992). El concepto de grupo y los principios organizadores de la estructura grupal en el pensamiento de Enrique Pichon-Rivière. En Quiroga, A., *Enfoques y perspectivas en psicología social*. Buenos Aires: Ediciones Cinco.

Quirós, Julieta (2006). *Cruzando la Sarmiento. Una etnografía sobre piqueteros en la trama social del sur del Gran Buenos Aires*. Buenos Aires: Antropofagia.

Rockwell, Elsie (1982). De huellas, bardas y veredas: una historia cotidiana en la escuela. En *Departamento de Investigaciones Educativas*. México: Centro de Investigación y de Estudios Avanzados del IPN.

Rockwell, Elsie (coord.) (1995). *La escuela cotidiana*. México: Fondo de cultura económica.

Rockwell, Elsie (2009). *La experiencia etnográfica. Historia y cultura en los procesos educativos*. Buenos Aires: Paidós.

Rodríguez, Norma Beatriz y Galak, Eduardo (2009). Sinécdoque de un autor: habitus y cuerpo en Pierre Bourdieu. Entrevista a Alicia Gutiérrez. *Cuadernos de H ideas, Revista* electrónica sobre comunicación, política y sociedad, 3 (3), diciembre de 2009.

Santillán, Laura (2011). Quiénes educan a los chicos. Infancia, trayectorias educativas y desigualdad. Buenos Aires: Biblos.

Segato, Rita Laura (2007). La Nación y sus Otros. Raza, etnicidad y diversidad religiosa en tiempos de Políticas de Identidad. Buenos Aires: Prometeo.

Sirimarco, Mariana (2009). De civil a policía. Una etnografía del proceso de incorporación a la institución policial. Buenos Aires: Teseo.

Szulc, Andrea (2006). Antropología y niñez. De la omisión a las culturas infantiles (pp. 25-50). En Wilde, G. y Schamber, P. (comps.) Cultura, comunidades y procesos urbanos contemporáneos. Buenos Aires: Editorial SB.

Szulc, Andrea (2008). Pici zomo y pici wenxu, alumnas y alumnos. Definiciones de género en disputa en torno a niñas y niños mapuce del Neuquén (pp. 179-204). En Hirsch, S. (coord.), Mujeres Indígenas en la Argentina. Cuerpo, trabajo y poder. Buenos Aires: Biblos.

Szulc, Andrea (2011). "Esas no son cosas de chicos": disputas en torno a la niñez mapuche en el Neuquén, Argentina (pp. 79-109). En Jociles, M. I.; Franzé, A. y Poveda, D. (eds.), Etnografías de la infancia y de la adolescencia. Madrid: Catarata.

Szulc, Andrea (2013). "Eso me enseñé con los chicos". Aprendizaje entre pares y contextualizado, entre niños mapuche del Neuquén. Boletín de Antropología y Educación, 4 (6), 37-43.

Szulc, Andrea (2015). La niñez mapuche. Sentidos de pertenencia en tensión. Buenos Aires: Biblos.

Tammarazio, Andrea (2016). Ciudades a pie. Etnografía sobre un proceso de urbanización. Buenos Aires: Miño y Dávila.

Tenti Fanfani, Emilio (2000). Socialización. En IIPE-UNESCO. Buenos Aires.

Thorne, Barrie (1993). Gender play. Girls and boys in school. New Jersey: Rudgers University Press.

Toren, Christina (2010). A matéria da imaginação: o que podemos aprender com as ideias das crianças fijianas sobre suas vidas como adultos. Horizontes Antropológicos, 16 (34), 19-48.

Valentine, Gill (2004). Public space and the culture of childhood. Londres: Ashgate.

Vogel, Arno; Vogel, Vera Lúcia y Leitão, Gerônimo Emilio (1995). Como as Crianças Vêem a Cidade. Rio de Janeiro: Pallas, FLACSO, UNICEF.

West, Candace y Zimmerman, Don H. (1999). Haciendo género (pp. 109-143). En Navarro, Marysa y Stimpson, Catharine R. (Comp.) Sexualidad, género y roles sexuales. Buenos Aires: Fondo de Cultura Económica.

Willis, Paul (1988). Aprendiendo a trabajar. Cómo los chicos de la clase obrera consiguen trabajos de clase obrera. Madrid: Akal.

Wolf, Eric (1980). Relaciones de parentesco, de amistad y de patronazgo en las sociedades complejas (pp. 19-39). En Banton, Michael (comp.) Antropología social de las sociedades complejas. Madrid: Alianza Editorial.

Zapata Galindo, Martha (2001). Más allá del machismo. La construcción de masculinidades (pp. 225-247). En Helfrich, S. (Dir.), Género, feminismo y masculinidad en América Latina. El Salvador: Ediciones Heinrich Böll.

www.ingramcontent.com/pod-product-compliance
Lightning Source LLC
Chambersburg PA
CBHW032114280326
41933CB00009B/842